方祖燊全集（十三）

第二十三卷·飛鴻雪泥集

國家圖書館出版品預行編目資料

方祖燊全集 / 方祖燊著. -- 初版. -- 臺北市：
文史哲, 民 85-88
冊： 公分
ISBN 957-549-044-4 (一套：平裝). -- ISBN 957-549-221-8 (第五冊：平裝). -- ISBN 957-549-222-6 (第六冊：平裝). -- ISBN 957-549-223-4 (第七冊：平裝). -- ISBN 957-549-224-2 (第八冊：平裝). -- ISBN 957-549-225-0 (第九冊：平裝). -- ISBN 957-549-226-9 (第十冊：平裝). -- ISBN 957-549-227-7 (第十一冊：平裝). -- ISBN 957-549-228-5 (第十二冊：平裝). -- ISBN 957-549-229-3(第十三冊：平裝)

089.86 85013624

方祖燊全集・十二

飛鴻雪泥集

著　者：方　祖　燊
出 版 者：文史哲出版社
登記證字號：行政院新聞局版臺業字五三三七號
發 行 人：彭　正　雄
發 行 所：文史哲出版社
印 刷 者：文史哲出版社
臺北市羅斯福路一段七十二巷四號
郵政劃撥帳號：一六一八〇一七五
電話 886-2-23511028・傳眞 886-2-23965656
實價新臺幣三〇〇元
中華民國八十八年七月初版

ISBN 957-549-228-5

方祖燊全集・飛鴻雪泥集　目錄

第二輯　方祖燊主編、整理或改作的著作

第四輯　其他相關文字

第一輯

方祖燊已出版著作，未收入《方祖燊全集》存書。

《古今文選》簡介

精裝本六集，一九五一年至一九六九年，臺北國語日報社出版。《古今文選》是國語日報附送的期刊，創刊於（民國四十年）九月，先爲週刊，後改爲雙週刊，分正編、續編兩種。每一百期輯爲精裝本一集，十六開本。正編四集二千零六十四頁，由梁容若、齊鐵恨主編，鍾露昇、方祖燊編輯。續編二集一千零二十四頁，第一集由方祖燊、鍾露昇主編，梁容若、齊鐵恨校閱；第二集由方祖燊、鍾露昇、林文月主編，梁容若、齊鐵恨、何容校閱。每集約八十萬字，六集約四百八十萬字。其中約一百八十萬字，是方氏工作的產品。《古今文選》精選古今中外名家的各種傑作，註解語譯，邊附音讀，並有作者簡介、題解、評析及參考的資料文字，是當日最受歡迎的中國語文的讀物與活頁教材，適合於大中學校的學生及社會自修的人士，風行於海內外。

注音古今文選註

續編 精裝本 第一集

（第一期至第一百期）

方祖燊　鍾露昇

主　編

梁容若　齊鐵恨

校　閱

國語日報社印行

集文學的菁華

——我如何編輯《古今文選》

方祖燊

《古今文選》是「國語日報」的一種很特殊的副刊，至今已有二十六年的歷史了。我參加這刊物的編務也長達十七年。我們許多心力都花費在這片園地上，現在已結出繁麗的花，豐碩的果；但我也因爲參加了這工作，而獲得了許多可貴的經驗與學養。我對她也產生了深濃的感情；她就好像我生命樂章的一部分。

《古今文選》，原是梁容若先生早就有的構想。他認爲中學生、大專學生及一般人士學習國語國文，需要一份完善的活頁教材，因此他發起了專門選註古今名家的傑作，給予確要題解，適當分段，精密標點，標準注音，口語解釋與翻譯，詳細介紹作者事蹟與文章背景，並附錄其他有關的參考比較的材料。這種構想，當時得到臺灣省國語推行委員會與國語日報社的全力支持，並且邀請了一些學者與作家會商，訂了一些辦法。於是這個刊物就在民國四十年（一九五一）九月二十六日創刊了，每逢星期一出版，隨國語日報附送。起先由梁容若、齊鐵恨、何容、方師鐸四人負責編務，並且約請一些學者協同註稿。

《古今文選》發行了不久，就引起大衆的注意，讚許與建議的函件紛沓而來。可是註譯文選的工作是很費時間的，參加註稿的人各有專業，而且都很忙碌，稿件常感緊迫，因此報社決定聘請專任的編輯，我和鍾露昇兄二人，就在民國四十一年（一九五二）二月一日，一踏出臺灣省立師範學院的校門，就被網羅來參加這一項工作了。這時，《古今文選》就改由梁容若、齊鐵恨二人主編，我和鍾露昇二人爲編輯。

我那時剛二十二歲出頭，充滿著幹勁與理想，文章也寫得清新流利。在學校時候，就常常投稿子，賺錢花，若不斷寫了下去，也許早就成了什麼「家」了。但是現在要來做的這種編註文選的工作，需要的是深厚的學問修養，實非當時我們的能力所能勝任，因此開始時感到極端的艱苦。幸而兩位主編都是我們的老師。齊鐵恨老師，北平人，出身滿清官立籌邊學堂，專攻滿蒙文字，精通音韻與國學。他一年到頭穿著一襲鐵灰色的厚布衣，是一位謙沖和藹的長者，在師院教過我們的國文。梁容若老師，字子美，河北行唐人，出身國立北平師範大學國文系，留學日本東京帝國大學研究部，專事中國和日本的比較文學史與文化交流史的研究，在師院教過我們目錄學、讀書指導、中國文學史。他是一位博學多識的學者與作家，讀書極豐富，見解極卓越，文章寫得光怪陸離，凝鍊明白，著作非常多。他給我的印象是嚴謹中透出一些和氣；但是對我們的督促與指導，卻極嚴格。

梁老師爲了要提高我和露昇兩人的學養，每選註一家作品，就要我們去翻讀這位作者的全集及能找得到的各種注本，以及有關的傳記、年譜和後人研究的資料與著述，以求能夠註出一般注本所未解決的問題。一方面也是梁老師有意讓我們在不斷工作與讀書中，逐漸提高充實了我們的學問。

記得我第一次註釋的文章是柳宗元的〈始得西山宴遊記〉與〈小石潭記〉兩篇，我就細讀了《柳河東文集》，諸家評點的《柳柳州全集》，胡懷琛選註《柳宗元文》，新舊《唐書》柳宗元本傳，宋文安禮編《柳先生年譜》等書。由於這樣工作與讀書，使我對柳宗元竄貶漂厄的事蹟，搜奇撮怪的文章，有了更深一層的認識了。又如我爲編註〈愚公移山〉這個寓言故事，我就奉命翻閱張湛、盧重玄、宋徽宗、范致虛四家注的《列子》，錢穆《先秦諸子繫年考辨》，呂思勉《經子解題》，梁啓超《古書眞僞及其時代》，姚際恒《古今僞書考》，蔣伯潛《諸子與理學》等書。除了採輯有關《列子》的資料之外；這些書的其他部分，自然也就涉獵一過，增加了許多見聞。又如爲了編註陸游的〈示兒詩〉：「死去元知萬事空，但悲不見九州同。王師北定中原日，家祭無忘告乃翁！」等四首，我翻閱《陸放翁全集》：包括《渭南文集》五十卷收有文章七百六十七篇、《入蜀記》、詞一百三十首；《劍南詩稿》八十五卷收有詩九千二百多首，《逸稿》二卷收有詩六十三首及辭賦等；《南唐書》十八卷，《老學庵筆記》十卷。另細讀錢大昕、趙翼所編《陸放翁年譜》。當時梁老師還鼓勵我就錢、趙二譜爲藍本，再依據《陸放翁全集》的資料作考證，自己另編《陸放翁新年譜》。錢大昕所編年譜，是借來的，不能久用，爲了編年譜，只好動手抄掇了下來，二百五十字的一張稿紙，就抄了五十五張。後來終因陸放翁的作品浩瀚如海，若要據之釐訂年代，考定事蹟，實非短期所能完工，再加選註其他名家作品的工作也無法放下，重編陸放翁年譜的計畫也就只好擱置了。這一晃，二十多年了。今日重翻焦黃的手稿，不禁感觸自己當日的偷懶，有負了梁老師期望之意。不過，由此亦可想見當日我們編註文選的用心努力的情形。

我喜歡讀書的興趣與習慣，也因此養成。一般人所認爲至枯燥乏味的書籍，我都能以看小說的心情去讀它，而感到趣味洋溢。一般人所認爲至費時難寫的論文，我也都能以寫小說的心情去寫它，勉力而成篇，自覺欣以傲。

《古今文選》的編輯過程，大抵先由梁老師選定篇目，再由我和露昇兄二人分作註釋、語譯及摘錄資料工作。我們就根據選定的作品，翻查各種辭典、類書、注本、參考書，一字一詞，寫出恰當的解釋；句斟字酌，緊扣本文，作語體的翻譯或大意；然後在某些文字旁邊，標出讀音、語音、破音、輕聲與變調；有的舊詩詞還要標出入聲字，甚至全首標出注音符號，如白居易的〈琵琶行〉、〈長恨歌〉之類，都是這樣標音的，極爲費事；遇到古地名註出今地名，舊年號對照註出西元的年代。然後將這初稿，連同所蒐集有關作者傳記及其他的資料，一起送請主編梁老師審閱，改正譯註的錯誤，刪削文字的拖沓處；然後再由梁老師寫作者傳記及其他附錄的文字；然後付排。撿排文選的技工都是頂尖的好手。排好後，經報社校對馮作民先生初校。然後我們再校過兩三次，都改清爽後，再送梁老師親自校改一遍。改後的清樣就送請齊老師做最後一次的校閱。齊老師的記憶力很強，目力又精，偶爾還有些小錯誤，齊老師一定會給訂正了出來。文選的讀音問題也由齊老師作最後的決正。在梁老師指導之下，我們的文字日趨簡鍊，提要鉤玄的能力也日漸提高，學養與見識也一天比一天高明了。文字的讀音也因齊老師時時給我們訂正，而大大提高了我們標音的能力。這些對我後來的教學、著述、用電腦寫作都很有幫助。

當然，我們註稿也常會遇到難以解決的問題，一篇註稿花上兩三個月時間的也有。有時發現了前人的說法有問題，還得繁徵博引，作起考證，將自己的意見寫了出來，讓梁老師過目。要是我的意見正確，梁老師就認同而用我的「結論」所作的註釋與題解；要是不對，他也會眉批理由，並且改正。記得有一次我選註王勃的〈秋日登洪府滕王閣餞別序〉，我細讀《王子安集》後，認爲「王勃是在唐高宗上元二年（六七五），前往交趾（在越南北部）省視他的父親，路經洪州（江西南昌），正值九月九日，就參加了都督閻公滕王閣上的盛宴，因作此序。」與清俞正燮《癸巳存稿》卷十二的〈王勃滕王閣序書後〉所謂：「蓋乾封、總章時，宇文節往新州，勃隨父福時往交趾，俱過洪州，閻餞之閣上」等說法不同。我因此寫了好幾千字的辨證，最後梁老師採用了我的結論作題解，寫作者。不過這些考證文字，我們從不在文選中發表；因爲我們認爲文選只是普及國語文教育的刊物，不是談專門學術的刊物。

當時《古今文選》的編輯過程，是這樣的嚴謹，這樣的辛苦；也可以由我眼睛的近視度的突飛猛進反映了出來。那時我的近視幾乎是一年一百度的加深，到我辭去這工作的時候，我已戴上一千度的深度眼鏡。我們花下的功夫總是有收穫的，沒幾年《古今文選》就成爲聞名中外的暢銷刊物，後來更成了編中學國文教本及專科文學選本主要的抄掇的藍本，對台灣與海外的語文教育盡了相當的貢獻。

民國四十五年（一九五六）八月，因師範大學文學院梁實秋院長和梁容若教授聯同向劉眞校長推薦，因此我和鍾露昇二人回到母校服務，仍兼任文選的編輯。由於師大圖書館存書豐富，借用方便；文選的內容更加充實。第二年十月，梁老師前往臺中東海大學任教，作好稿件，需遠寄臺中，連繫不方便，文選就改爲半月刊。但所選註的文章卻越來越深了，作來甚爲費時。

到了民國五十年（一九六一），梁老師擔任東海大學中文系主任，行政事務繁忙；齊老師達到古稀高齡，主持國語日報服務部，主編語文週刊也很忙；我在師大的課業也日見繁重，爲了應付新課，編寫講義時常工作到了深夜；再加這年九月，鍾露昇兄去美國進修，又無適當人選可補，所以在精裝本第四集出版時候，梁老師就說：「第五冊精裝合訂本，怕是不會出現了。」

民國五十一年（一九六二）二月一日，《古今文選》印出了第四百期，十年四個月選註了古今名家二百四十多人的各種作品及譯作，凡七百多篇，共二千零六十四頁，約三百二十萬字左右。其中僅百分之十五至十八爲外稿，其餘都是我們四人分工合作的，——由我和露昇兄作初稿；梁老師刪補，寫作者，作附錄；齊老師總校，正音。現在露昇兄出國，這刊物整個初編的工作，全落在我一個人身上，的確非常吃力。蓋文選的註譯工作，十年如一日，並不因爲我們程度的提高，而稍作得快一點，仍然是每一字每一個詞都需要查過。就是極熟悉的詞，也得重新翻過，才敢寫下註解，標出讀音。編註一期文選，快的仍然要花十來天時間。梁老師主持文選編務十年，經過長期努力，花費許多心力，心裡自不免有了一點倦怠感，所以露昇兄走後五個月，第四集精裝本出版了，文選也終於停刊了三個月。報社諸公，幾經磋商，最後決定增加經費，採用外稿，由我負責《古今文選》續編的編務，重點放在中學教材上，選註比較淺短的文章，請梁、齊兩位老師爲我的編輯顧問。

於是我就在民國五十一年（一九六二）六月，繼梁、齊兩位老師之後，主持《古今文選》續編的編務。這時我三十三歲。從選稿、約稿、看稿到校稿，一人負責，工作當然很吃力。有時來稿不繼，自己撰稿的也有，作補充，寫附錄的也有。爲著趕稿，常常麻煩內子黃麗貞女士充作義務的助手，像謄清稿子，校對大樣，參加註譯，都時常請她幫忙。兩個人常常工作到深夜，甚至天亮，才能使文選不脫期。梁老師遠在臺中，請教不方便；有了困難，請教齊老師的就比較多了。我這樣的工作著，到五十三年（一九六四）九月，露昇兄從美國回來，請他加入主編，這才稍減緊張的心情。

民國五十五年（一九六六）五月，美國印第安那大學研究東亞語言與文學的 Gary P. Tipton 和 James R. Landers 兩位先生，爲方便於西方學者閱讀《古今文選》，特別編輯了一冊《古今文選索引》(INDEX TO KU-CHIN WEN-HSUAN)，是按作者譯名的字母先後排列的。這也是他們當時研究論文之一。James R. Landers 博士現任夏威夷大學副教授。由此，也可知道《古今文選》風行世界各地漢學界的情況。

我能夠編輯與主編這樣的一個刊物，實在值得自己驕傲的；可是我在編了十七年後，也覺得應該把這工作交給別人去做了；因此，我和露昇兄在民國五十七年(一九六八)三月，辭去了文選的編務。由臺灣大學中文系林文月教授接任主編。至六十一年（一九七二）三月，由臺大中文系教授曾永義、黃啓方兩位主編，由國立台灣師範大學國文系何容教授爲校閱人。

現在《古今文選》續編就要發行「四百期」了，前後正續兩編，共八百期，眞是集古今作者的靈秀，文學的菁華了。但願這個刊物，今後能更加絢爛，永遠在發揚我國文化與普及語文教育上，盡一分力量。

（民國六十六年七月十七日中華日報，並選入中華日報《經驗者的話》中）

國內外對《古今文選》的批評

臺灣大學毛子水教授

這個文選非特對於正在受教育的青年人有益處，對於各級學校講授國文的人更有益處；非特對於受過教育的中年人有益處，即對於受過教育的老年人亦有益處。如果文學對於個人修養有些用處的話，則這個文選乃是以文學贊助我們修養的最好的書本。它的最大的優點，在選擇的精當和注解的詳審。編選人在這個文選中使用標點符號的仔細，更不是其他國文閱讀材料所能具有的好處。

政治大學成惕軒教授

歲乙亥，講藝國立政治大學，初識容若教授，見其手纂之《古今文選》。竊嘆先生獨具隻眼，而於斯事之實獲我心也。蓋其所錄諸作，時無間古今，體不分駢散，一爐兼冶，衆美俱臻。以明理達用爲歸，宏溫故知新之效。求諸並時選本，可謂碧海之驪珠，丹山之鳳羽矣。且復題旨廣詮，音符旁綴；妃豨糾誤，帝虎祛訛；譬六義之詳鄭箋，如五臣之註蕭選。使疑滯者渙然冰釋，覲深者粲若星陳。藉知今知古以利群，合國語國文而爲一。其於播敷聲教，嘉惠俊髦，厥功顧不偉哉！

日本青木正兒博士

韓昌黎說：「記事者必提其要，纂言者必鉤其玄。」《古今文選》提要鉤玄的工作，作得極好。

選文有現代眼光，注解能深入淺出，翻譯能用純粹口語，如蘇東坡〈祭歐陽修文〉，袁枚〈祭妹文〉的口語翻譯，不但作到了信達，神情腔調，唯妙唯肖。有了這種神譯妙筆，就打破美文韻文不能翻的俗論了。文選所創注書的許多新體例，將來在整理古典名著上也會發生重大影響。對於編者的精勤奮進，謹致極高的敬意。

臺灣大學戴君仁教授

《古今文選》有四點好處：1.不立宗派，儘挑好的入選，是客觀的選法，不是主觀的選法。2.包羅宏富，上下數前年，體裁數十種，文言白話，雅俗深淺，無所不包，應有盡有。3.白話譯注，對原文易於理解，並且可以使讀者讀到模範的白話文。4.字字注音，工欲善其事，必先利其器，這才是現代的教育。

東海大學王天昌先生

注文隨時訂正大學者錢賓四、梁任公，乃至王船山、汪容甫諸碩儒作品的疏失。

日本東洋大學魚返善雄教授

魚返善雄博士寫過一篇〈研究與教授的合一〉，發表在東京發行的《出版新聞》一九六〇年九月中旬號，以照像版插入活頁《古今文選》總目錄，特別介紹說：「十年來陸續印行有許多特色的注音《古今文選》的容若教授，對於中國語文教育界，眞是特殊的存在。原商務印書館編輯齊鐵恨氏，和他合作，要算無比的理想伙伴。這刊物在教育方面，貢獻極大，價值極高。選注的事，我也有些經驗，眞是工作極艱苦，報酬最低微的事業。」

美國丁愛博教授

美國夏威夷大學 Albert Dien 博士，一九五八年十一月在 The Journal of Asian Studies 十八卷一期，寫專文介紹《古今文選》的藍皮兩冊精裝本（一九五六年版）的編法內容作用等。最後說：「高水準的選擇，廣泛的取材範圍，謹愼的編輯，簡明有用的注解，和作品背景的說明，都使這刊物成爲中級華文教學的最好材料。」

《古今文選》的特點

一、所選都是古今名著，文詞優美，內容高尙，適合時代需要。
二、原文根據善本足本，校勘精密，標點正確，分段合理，可以依據。
三、注解求明瞭則酌用白話，爲切實則全舉出處；深入淺出，兼籌並顧。
四、凡古文及古體詩詞，均附有白話翻譯及講疏，用標準國語講述。
五、注標準國音，照注音誦讀，可溝通國語國文。詩文音節之美尤易領會。
六、附題解、文法分析、段落大意、修辭說明、文章解剖、讀後感等資料，便於研究及習作。各篇自成單元，首尾完整，無互相糾纏之弊。
七、作者傳記務求詳審，期爲讀文知人之一助，附有著譯圖書目錄版本，傳記資料，及與文章或注解有關之圖版，極便參考研究。
八、各種體裁、各派作品、各時代、各種程度之選文具備，可以自由選擇。
九、用作教材，教師省預備之勞，學生省抄注之苦，學校省印刷之煩。

INDEX TO KU-CHIN WEN-HSUAN

Gary P. Tipton and James R. Landers

East Asian Languages and Literatures Indiana University

Introduction

The Selections of Ancient and Modern Literature was started in September 1951. Up to the present it has had a history of 15 years. The Selections is divided into two main parts——the former and the latter (or the supplementary). Including 520 issues. The primary purpose of the Selection is to provide teaching material on Chinese with Chinese phonetic symbols, and to achieve the triple purpose of excellent proofreading, editing and printing. The former part begins with the first issue and ends with the 400th issue. Chief editors were Professor Liang Jung-jo of the Department of Chinese Literature of Tunghai University and Professor Chi Tieh-hen, commissary of the Mandarin Supervisory Committee, Chinese Ministry of Education; the editors were Mr. Fang Tsu-shen and Mr. Chong Lu-sheng, Associate professors of the Department Chinese Language and Literature, Taiwan Normal University. Mr. Chong and Mr. Fang become chief editors of the latter part of the Selections While Professor. Liang and Professor Chi work as reviewers of the publication.

Special Features

1.All the selections are famous short literary masterpieces, ancient and modern, elegant in style and choice of words, exalted in contents and selected to meet the needs of the time.

2.The originals of the masterpieces are based on good and unabridged editions, with exact proof-reading, correct punctuation and reasonable paragraphing. They can be quoted as from a source of authority.

3.In the notes Pai Hwa (modern Chinese national language) is used wherever there is need for the clarity of the idea; the sources of the notes are all quoted for fidelity purpose.

4.All essays in old Chinese and poetry in ancient style are followed by translation in plain modern speech or explanations in standard national language.

5.All statements are marked by standard phonetic symbols; hence the reader are expected to master both the mandarin speaking and the national language at the same time if he read the text in accordance with the phonetic symbols. And above all, he is apt to appreciate the rhythms of the poetry.

6.Following the text of every selection, the reader can sec an explanation of the theme, analysis of the Chinese grammar, the main idea of each paragraph, rhetoric and anatomy of the writing and critical comments so as to facilitate the reader in both research and the practice of composition writing.

7 The biography of the writer is written as close to the truth and as much in detail as possible, so as to help the reader in understanding the writer. The affiliated catalogs and names of publishing companies of the works of the writers and biographical data can be readily referred to and made use of in research.

8.The photos and portraits of the writers as well as pertinent pictures and diagrams related to the writing or the notes are collected as much as possible so as to effect a better understanding through pictures and increase interest on the part of the reader.

One of the most valuable aids to studying the language and literature of China is the Ku-chin Wen-hsuan (古今文選) published periodically by the National Language Newspaper (Kuo-yu Jih-pao 國語日報) in Taipei, Taiwan. It is a series of works of literature collected, annotated, and translated into colloquial Chinese by various Chinese scholars. At present there is a hard cover edition which consists of four regular volumes plus a supplementary volume (續編) and there is also a paper bound edition consisting of twenty regular volumes plus five supplementary volumes. Both the hard cover and the paper bound editions are identical in content. Up to now the main drawback for western students trying to use this work has been the lack of a suitable index. Therefore we have taken it upon ourselves to try to help alleviate this by compiling the following index. This index was put together hurriedly and we recognize that there may be mistakes which have gone undetected. Consequently we would appreciate any suggestions and corrections submitted to us by the users of this index.

《怎樣作文》簡介

一九五七年（民國四十六年），臺北市中南書局（光復南路320巷27號）出版，三十二開本，一百四十頁，是方祖燊先生所寫的第一本寫作的理論，原刊於一個學生雜誌，專爲國中學生練習作文作的，討論範圍包括：材料蒐集、用字遣詞、句子、標點符號、文章分段、描寫技巧，記敘、抒情、說明、議論、駁論、日記、遊記、傳記、自傳、筆記文學、新詩、散文、應用文各種文體的寫法和批改作文方法等，共二十項目，並附有範文和習題，文字簡約，理論淺現。由此，可以看出方氏早有探研文學理論的興趣。

齊鐵恨序

我記得，曾在四五年前，當小學「國常課本」改訂行用的時候，打算給服務小學的先生們補充一些教學作文的資料；乃就著課本的教材文字，逐課編造語句，每週在國語日報的《語文甲刊》裏發表。我最初的計畫，擬訂先從小學初年級的造句說話入手，進而至於中、高年級常用的語型和各體文式，逐步編寫，一以切用爲主，不求怎樣高深。我按照這種計畫已經編輯了數十課，後來聽到「國常課本」還要改編的消息，我這工作便停留下來。直到今日，我每一想到這未完成的工作，就覺得痛心而深自慚愧！

一天見到，方同學祖桑先生，興沖沖地告訴我：「最近編著了一部《怎樣作文》，提供了許多教學方法，蒐集了許多模範文章，供給各中、小學校應用；一以節省教師採選教材的煩勞，一以輔導學生練習寫作的興趣；等待印成之後，請給介紹幾句！」

我在聞命之下，欣喜萬分，竊以方同學的學力、經驗，出其編輯《古今文選》的寶貴心得，著成此書，當可勝任愉快，而使讀者獲益無窮！若說衆善俱備、無美不臻的話，在中南書局的發行通啓裏，已經很詳盡地宣言過了，我不便再加煩絮。

今在本年社會教育運動週中，倉卒之間得見此書的完成，略翻一過，難作一字的增損！只覺從前我自己編造的那些語句，過於粗淺，卑不足道！而此書一出，不但使一般人士得所欣賞，即我從前的計畫，亦將藉此書的完備，得以彌補一切的缺憾！怎不使我萬分感愧而樂為之序呢！

中華民國四十五年十一月十一日。齊鐵恨。

自序

三年前，我因爲工作過勞生了一場重病，後來到鄉下去休養了三個月。這部小書三分之一的稿子，就是那時候從鄉下回來替一個學生雜誌寫的；前後經過一年多的時間，一共寫了二、三十篇。

今年七月，中南書局謝露珊先生來請我把這些稿子加以整理。他的意思是現在學生練習作文，需要這一類教材。他說有些學生，不會標點，不會分段，用字遣詞也不大妥帖；甚至，當老師出了題目，不知應該怎麼寫的。譬如說作遊記吧，許多學生都是寫上午幾點鐘從火車站出發，以後一路風景美好，以後到達了目的地玩得很痛快，以後搭車回家。雖然說遊過山、玩過水，卻也記不出什麼來的。又如有許多想作新詩的青年，在押韻和形式的問題上，常常要化費許多無謂的時間去摸索。又如寫日記、週記，本是一件很容易的事，可是在學生單純的生活中，卻往往覺得無事可記。作議論文又怎樣發揮？坊間許多談文章作法的書籍，大率引用大學理則學的原理，來教中學生發揮議論，什麼大前提、小前提、什麼因果法則、合同律、差異律、同異律、共變律、賸餘律。結果把中學生教得頭昏腦漲，要作議論文也就愈論愈不清楚了。他又說坊間關於這類教作文的書籍很多，但多半過於簡略，未能各種文體具備；有的理論太深奧了，成爲專門性著作，像修辭學、文藝心理學、文學概論等，是大學裏的課程，中學生不適用；有的又太浮淺，缺乏內容。給中學生使用恰當的教材至今還沒有；先生這些討論作文章的文章，雖講得簡單，卻是極扼要、明白、實用的，所討論的範圍也很廣大，差不多各種最常用的文體和修辭法都包括在裏頭；正是現在國校和中學校學生練習作文所需要的。爲什麼不把它加以整理、補充、撰輯成書呢？

我聽了他的話，覺得這是一種意外的收穫。其實，我寫的時候，只是本著一個教育工作者通俗教育的職志，希望能把自己平日讀書心得，工作經驗，以及幾年來參加國語日報編輯《古今文選》，由各種文體文章中歸納出的一些原則，寫下來罷了，實在沒有想到成書。現在既然還有一些價值，所以也就大膽的答應了下來。

七、八、九三個月來，每天我爲整理這部小書，時常工作到深夜一、二點鐘。現在總算全稿編竣，我只盼望這部小書，能給中學生們一點幫助。

民國四十五年十月一日。方祖燊序於臺北木柵馬明潭國語日報宿舍。

《怎樣作文》目次

《國音常用字典》簡介

一九六一年(民國五十年)八月，臺北復興書局出版，三十二開本，內容包括：編輯例言(二頁)、部首總目索引（二頁）、部首檢字索引（四十三頁）、字典本體（三百二十四頁）、同字異讀表（即破音字，十四頁）、同義異讀表(讀音、語音、又讀，九頁)，由方祖燊、邢宗訓、張孝裕、鄭奮鵬、鍾露昇五人編輯。齊鐵恨校閱，齊鐵恨、王壽康、何容、梁容若、虞君質、許世瑛、趙友培七人爲編輯委員，宗孝忱書篆，林聖揚繪圖。專供國民學校中、高年級學生檢查國字音義之用。單字依注音符號順序排列，所收單字以《國音常用字彙》爲主，並酌刪去一些冷僻字。字體以通行體爲準，兼收異體。單字解釋，淺顯明確，先釋常用，次釋罕用；並採「以字繫詞」編法，就是一個字有幾個意義，分開解釋，並各舉一詞爲例。本「字典」也編釋一些常用的「複合詞」，並加括弧，如【巴掌】。單字與複合詞，都標明它的詞性。「破音字」分別注出它不同的意義。讀音、語音、又讀，音讀雖不同，但字義一樣，只在正讀處加解釋，其他只注「互見」。附有三百幅的文字繪圖，以幫助學生瞭解國字的結構與源流。這部字典是從一九五六年（民國四十五年）開始編釋，經過四年，數度修改，方始完成，排印出版。是臺灣第一部「堪稱佳作」的國音字典。

《成語典》簡介

一九七一年（民國六十年）四月，臺北復興書局出版，二十五開本，正文八百八十六頁，部首檢字及各類索引共一百四十八頁。從一九六〇年（民國四十九年）冬，由繆天華、劉中和、馮大綸、方祖燊、鄭奮鵬五位先生開始編纂，繆天華教授擔任主編，採用數百種書籍，將經史子集、詩詞戲曲、小說筆記中格言、諺語、俗語、熟語之類的成語摘錄了出來，從二字到六、七字，從單句到複句，注明出處，下引例句，作編撰資料，再用淺近文言文作解釋。經過三年，至一九六三年（民國五十二年）初稿完成。繆天華編分類索引。這時，邱燮友加入增補了一些條目。一九六四年（民國五十三年）夏，全稿完成，共收成語一萬二千餘條，約一百萬字。時因復興書局經理葉溯中先生逝世，遂耽擱至一九六九年（民國五十八年）付印。排印校對兩年多，至一九七一年（民國六十年）出版，整整經過十年。不過一出版，不到兩個月，初版即售光；十幾年出到十五版。「時移事異，新出資料漸多」，繆先生又和邱燮友、周冠華、劉本棟四人加以增編。增編《成語典》在一九八九年（民國七十八年）十月出版，正文一千二百四十四頁，比原編增加三百五十八頁；檢字及索引一百七十七頁，增加二十九頁。

繆天華主編
劉中和 方祖燊
馮大綸 鄭奮鵬 編
成語典
復興書局印行

《成語典》的編纂

黃麗貞

今年四月間，臺北復興書局出版了一部《成語典》。因爲內容切實，三個月間就銷到了二版。

一、編撰經過

民國四十九年，前復興書局經理葉溯中先生以當時所有成語辭典多不理想，有意另編一部比較完備的。他的意思是以《大漢和辭典》中故事或成語部分爲主，兼參考《佩文韻府》、《經籍纂詁》……之類的類書。他國學素養湛深，對這件事很熱心。四十九年冬天，經趙友培教授介紹，邀約繆天華、劉中和、馮大綸、方祖燊、鄭奮鵬等五人負責編撰工作，由繆先生擔任主編；到五十一年又請邱燮友先生協助增補。稿酬每千字臺幣五十元，標點在內，空格不計。參照胡樸安的《俗語典》，《古今圖書集成》的《文學典》、《字學典》、《樂律典》之例，定名爲《成語典》。

編撰工作開始後，書局每隔二、三個月約請工作人員聚餐一次，順便討論進行情形。葉先生始終仔細慎重而熱心，對編撰工作研求盡善，如加人名號、書名號及生字注音等。

書局方面供給資料，就特別印製一百字的活頁專用稿紙，分發各編撰人使用。又製卡片兩萬張，以便編成時分寫成語條目，編分類索引。又購歷代戲曲、小說、和各種工作書，分發編撰人員參考使用。

在編者方面，按照字典部首分部編撰，每人負責若干部，分配的情形是：

一部至口部：劉中和先生　口部至心部：馮大綸先生　戈部至水部七畫止：繆天華先生

水部八畫至糸部：方祖燊先生　缶部至隹部：鄭奮鵬先生　雨部至龜部：邱燮友先生

根據《辭海》、《辭源》、《大漢和辭典》，各種《成語辭典》、《佩文韻府》、《淵鑑類函》《藝文類聚》、《駢字類編》等，以至《水滸傳》、《金瓶梅》等舊小說，《容齋隨筆》、《通俗編》等筆記，《單鞭奪槊》、《凍蘇秦》等戲曲，《飲冰室全集》、《建國方略》等近人文集……；把數百種書中的經典語、詩詞語、戲曲小說語、熟語、俗語等採摭出來，從二字至六、七字，單句或複句的成語，都由編撰人鉤畫摘抄下來，並注明出於某書某篇某卷，下引例句，作爲編撰資料，然後逐條用淺近文言文解釋。成語的定義原有廣義和狹義之分，而常用的成語又不一定有來源或依據，或現代意義是昔日的轉義，甚至反義，而字句或已改變，有些例句不易找得，因此編起來煞費苦心。實際工作，比原來的想法繁難得多。爲了一條成語，查許多書，費許多時間，結果一無所得的情形，是常有的事情。

編者都是很有責任心的人，稿費雖然低，工作雖然忙，仍然盡量抽時間來做，一條條詮釋辨解，盡力要把它做好。沒有時間做摘抄工作，只好把資料圈畫出來，花錢請人抄；沒有工夫翻查小說中的例句，也拿錢請人看小說，看到像成語的文字，就請人抄下來，作爲參考。因此在這工作做完了後，有一二位編者所得的稿費甚至不夠償付別人抄查的費用。對已經接下了的工作，不計報酬，只一心一意去做好它，完成它。到民國五十二年先後完稿了，交給主編繆先生作總整理，有缺漏的，就由邱先生增補。

繆先生又花了許多時間編「分類」、「索引」，直到五十三年夏天，才竣事交稿。全稿共一百萬字，在數量上較一般成語詞典爲多，而精詳的解釋，出處例句的詳略也和坊間的成語辭典不同。繆先生整理全稿時，案頭上、椅子上、地上，堆滿了稿紙。有一天夜裏，一個小偷從書房的窗口進屋裏來，看到這許多廢紙，心想這家大概沒甚麼好偷的了，只順手帶走一雙晾在院子裏的襪子。繆先生平常很好客，朋友也多，因爲忙於編書，簡慢了一位退休而煩惱的鄭老先生，後來那位鄭老先生竟然悲觀厭世。繆先生認爲是很內疚的事！

五十三年，葉溯中先生不幸逝世，稿件雖然交出，卻擱置書局好幾年，沒有排印，後來又遺失了分類索引，繆先生只得重新編寫。到五十八年才付印，排印的工作進行很慢，到六十年四月才出版。從四十九年冬天，到六十年出書，整整十年。這部書問世，可惜發動編書的葉經理已不及看見了。

二、編者簡介

繆天華先生，字木孤，浙江瑞安人。他是本書主編，用力最多。現任國立臺灣師大國文系教授，兼《大衆日報・副刊》主編。他對屈原作品很有研究，著有《離騷淺釋》(四十一年天人出版社初版)、

《九歌九章淺釋》（五十六年天人出版社初版），還有收了三十一篇散文的《寒花墜露》（五十三年天人出版社初版，五十八年收入三民文庫），和《校訂水滸傳》（五十九年三民書局出版）。

劉中和先生，江蘇人，現任《中國語文月刊》編輯，著有《杜詩研究》（五十七年，益智書局出版）曾獲嘉新水泥公司文學獎金。

馮大綸先生，河北省人，國立北平師範大學國文系畢業，從事教育工作三十餘年，曾任中學、師範教師，校長，教育廳秘書、科長等職，現任國立藝術專科學校教授。編有《初、高職國文》教本、《中國文化基本教材注譯》，著有《孔孟學說》（五十一年復興書局出版）。

方祖燊先生，福建福州人。四十一年畢業於臺灣師範學院，四十五年回師大執教。五十七年以前曾兼任《國語日報・古今文選》編輯、主編。著有《作文講話》（四十八年中南書局出版）、《漢詩研究》（五十六年正中書局出版）、《魏晉樂府詩解題》（五十九年師大學報抽印本）；又和邱燮友合著《散文結構》（五十九年蘭臺書局出版）。曾和那宗訓、張孝裕、鄭奮鵬、鍾露昇合編《國音常用字典》（五十年復興書局出版）。最近完成《陶潛詩箋注校證論評》。

鄭奮鵬先生，福建莆田人，三十九年臺灣省立師範學院畢業，任臺灣師範大學國文系副教授兼夜間部副主任多年。編有《中學國文語譯》（神州出版社）、《國音常用字典》（復興書局）等。

邱燮友先生，福建龍巖人。四十八年臺灣師範大學國文研究所碩士，任教師大至今。著有《選學考》（師大國研所集刊第三期）、《散文結構》（和方祖燊合著），《新譯四書讀本》（和謝冰瑩、李鍌、劉正浩合編，五十五年三民書局初版）、《新譯古今觀止》（和謝冰瑩、林明波、左松超共同編譯，六十三年三民書局出版）、《中國文化概論》（和李鍌、周何、應裕康合編，六十年三民書局出版）。

《成語典》的內容

邱燮友

字有字典，辭有辭典，那麼成語也應該有成語典。目前坊間著名的字典、辭典尚多，字典如《康熙字典》、《中華字典》；辭典如《辭源》、《辭海》、《國語辭典》、《大漢和辭典》、《中文大辭典》等，都是人們常用的工具書。雖然一般的辭典中，也包括成語，但其中所收的成語，畢竟未能普遍周全，於是我們編纂這部《成語典》，仍然有它存在的價值。

所謂「成語」，顧名思義，是指一般人習用的現成的固定辭語，它包括了古今的故實和典例。由於成語的應用，不論是寫文章或說話，不但可以盡言盡意，同時又可以減少許多不必要的解釋和說明，做到意內言外，盡善盡美的效果。

一、成語的由來

關於成語的由來，是多方面的：它來自於經典、故實、典例、故事、諺語、詩歌中的雋語、當時生活的禮俗、文人名流的嘉言佳作，在在都是產生成語的所在。我們探討成語原始的由來，便可以尋究到該成語的出處。本來成語都有出處可尋，但目前我們所用的成語，有些已無法探究出它的出處來了。像「溫故知新」，出於《論語・爲政篇》；「見笑大方」，出於《莊子・秋水篇》；「教學相長」，出於《禮記・學記篇》；這些成語是來自於經典的。像「倒屣相迎」，出於《三國志・魏志・王粲傳》，成語的本身，含有一則故事，是說王粲來拜謁蔡邕，蔡邕急忙出門迎接，甚至把鞋都穿倒了。後來用指熱烈歡迎客人來訪，叫做「倒屣相迎」。他如「破釜沉舟」，出於《史記・項羽本紀》，其間也含有一段史實：當項羽擊敗秦將卿子冠後，聲威大振，不久，陳餘的部隊被秦兵圍困在鉅鹿，項羽派陽君蒲帶兩萬兵去解圍，反被打敗。陳餘再度求援，項羽便率領全軍，渡過黃河，把帶來的鍋碗炊具打破，連渡河用的渡船也毀了，以表示要和秦軍作一場殊死戰的決心，於是士氣百倍，把秦軍打敗。後人表示下殊死的決心，叫做「破釜沉舟」。以上兩則成語，是來自於典實。像「隔行如隔山」，「一日爲師，終身爲父」，「駱駝擱在橋板上，兩頭無著落」，這些成語是來自諺語。像「百拜之交」，「百羞五味」等成語，是與當時生活的禮俗有關。像「侯門似海」，「寸草春暉」，「小姑獨處」，「爲人作嫁」，「綠肥紅瘦」，「青梅竹馬」等成語，是來自詩歌中的雋語。像「異曲同工」，「羚羊掛角」，「不足爲外人道」，「乘風破浪」，「一盤散沙」，「捨生取義」等成語，便是來自文人名流的嘉言佳作。因此，成語的由來是多方面的，並且世世代代都有新的成語產生，爲一般人所接受，所樂用。如麥克阿瑟將軍所說的「老兵不死，他只是慢慢地凋謝」，張群先生所說的

「人生七十才開始」，便是例子。

二、成語內容與文字的演變

成語的使用，它的內容和文字，由於流傳的時間久了，傳播的地區廣了，往往會有所改變，跟原來的內容和文字不同。如六朝人用「風流」一詞，本來是讚美好風度的意思，如「風流可愛」，「風流倜儻」等詞彙，現在它的內容已變質了，演變成「風流冤業」，「風流藪澤」了。又如在孟子時，即戰國時代，所使用的「出爾反爾」一詞，當時是指你怎樣待人家，人家也怎樣待你，如今已演變成自相矛盾，自食其言的意思。又如「龍飛鳳舞」一詞，本來是形容山勢的靈異，如今多形容筆勢的變化。所以成語的內容，往往會隨時代區域的不同而有所演變，況且成語的內容包含很廣，使用的範圍也就廣了。例如「兩大之間難爲小」，用在政治上，便是指小國處於兩大國之間的困難；用在家庭上，便是指兩姑之間難爲婦。成語的內容會變，會擴大，視善用的人如何去使用它了。《成語典》中，對成語內容有演變的，都有詳細的說明，對成語使用的範圍，在書後尚列有分類索引，以備讀者查考，凡成語分見於兩類的，都加做記號。

至於成語在文字上的演變，大致而言，意思相同，只是使用時，文字上被更改了。如「指鹿爲馬」，本出於《史記》，但元曲中所用的演變成「指鹿道馬」了。又如「尸祝代庖」，是指越權代職之意，同樣的，與「越俎代庖」一詞，意義相通。又如「洗心革面」，也可以作爲「革面洗心」。像這類文字上大同小異，或上下倒置的現象，在《成語典》中，都註明「參閱」，以供讀者互閱，同時也可以明瞭成語在文字上的演變。

三、成語的活用

上回，我送一部《成語典》給宗亮東教授，他是學教育的，便以教育家的眼光來看這本書，他說：「今天一般中小學生，能硬記一大堆成語，你要是跟他們比賽說成語，大人們還會輸給小孩呢！但是在成語的活用上，中小學生便不如成年人善於活用了。」於是我們談到成語的活用問題，如何使人能活用成語，確是一項值得研討的問題。

記得十幾年前，我在中學教書的時候，有一個同事，他是教數學的，擔任了一班導師，在學期結束時，要爲班上的每個學生在操行成績欄上打評語。其中他對一個學生評上「苗而不秀」幾個字，他的意思是說：這個學生才質很好，但不用功，學業成績不好，實在很可惜。當時我告訴「苗而不秀」有喻人夭折的意思，不能用；否則，家長看到，還以爲當導師的咒他兒子夭折呢！用詞不當，招致誤會，那才冤枉。所以成語運用不當，就如同小學生拿「徐娘半老」來形容母親，是一樣出笑話的。

成語的活用，首先要瞭解成語的含義，然後明瞭該成語的出處，以及普遍應用的現象，然後才能左右逢源。當時，我們編《成語典》的構想，便注意到成語活用的問題，使每則成語，有正確的解釋，並說明古今內容的演變，然後註明它的出處，如找不到出處的，也盡量在後人的文章中，或通俗小說、戲曲、筆記中，找到例句，以明近人使用這成語的現象。另外在書後，附加分類索引，以備查用。古人說「熟能生巧」，只要經常去翻閱熟記，自然能巧妙地運用成語，這也是我們編《成語典》的原意了。

《成語典》評介

周冠華

友人繆天華教授執教國立師範大學，已經二十五年。他從教學的經驗中，深感使人正確靈活運用成語，是提高國語文水準的一項迫切工作，因此邀同執教師大的同事多人，共撰《成語典》一書。現在該書已由復興書局於日前出版，承天華兄以巨帙惠贈，使我獲得先覩。經翻檢一過，認爲此書有以下幾個特點：

一、**蒐羅宏富，採摭廣泛**：此書採摭範圍除經史子集外，旁及類書佛典、小說戲曲、民間俗語、口頭語等。共收常用成語一萬二千餘條，是現有坊間成語辭典中內容最豐富的。

二、**援據明確，考證精審**：按說辭書對每一條辭語，應做到援據明確、考證精審，盡其旁蒐遠紹，竟委窮源的能事。但這事談何容易。清朝大學問家閻若璩，初不知古語「使功不如使過」出自何書，十五年後，讀《唐書·李靖傳》：「高祖怒其逗留，陰勅硤州都督許紹斬之。紹惜其才，爲之請命，於是獲免。會開州蠻首冉肇則反，率衆寇夔州。趙郡王孝恭與戰不利，靖率兵八百，襲破其營；後又要險設伏，臨陣斬肇則，俘獲五千餘人。高祖甚悅，謂公卿曰：『朕聞使功不如使過，李靖果展其效。』」認爲已找到它的出處。又過了五年，讀《後漢書・索盧放傳》：「更始時，使者督行群國，太守有事，當就斬刑。放前言曰：『今天下所以苦毒王氏，歸心皇漢者，實以聖政寬仁故也；而傳車所過，未聞恩澤，太守受誅，誠不敢言；但恐天下惶懼，各生疑變，夫使功者不如使過。』」及章懷注：「若秦穆赦孟明而用之。霸西戎。」才算眞正知道此語的來歷。由此一例，可知編撰成語辭典想做到援據明確、竟委窮源的功夫，實在不是一件容易的工作。故《辭源》、《辭海》、《辭通》、《國語辭典》、《聯緜辭典》、《大漢和辭典》、《中文大辭典》等，雖編纂審愼，都仍難免舛誤闕漏；這實在未可厚非。《成語典》當然也難免有舛誤闕漏；但其中有很多處對歷來各種辭書中相沿因襲的錯誤及其闕漏，或予訂正，或予補充，諸如「拔刀相助」「知音」「每況愈下」「每下愈況」「民不聊生」「標新立異」「東風吹馬耳」等條，及其他此書所收不勝枚舉的許多成語，覽者可與上述諸辭書互相比較，便知此書在援引考證、竟委窮源方面的優點。

三、解釋精當，深入淺出：有許多辭書，對辭語的解釋，使人看不明白，解釋等於沒有解釋。此書力避這種情形，解釋深入淺出，力求明白精當，每有盡翻陳言，獨標勝義的地方。而成語意義相互關連接近的，都在每條下注明參閱某某條，使覽者有舉一反三、一目了然之樂。

四、分類索引，便於實用：此書前有部首檢字索引，依部首與筆畫多寡次序排列，檢查方便。末附分類索引，依成語的含義共分爲天文、地輿、歲時、風景等四十八類，凡一成語可歸兩類以上者，以互見法編列，閱者可循類以求，極便各界使用。

此書除上述優點外，餘如注出引書之篇卷，以便檢閱原書。遇字音特殊者，則加音讀，並附注音符號。以及校對精細，字句充實等，也都是值得稱許的。

當然，此書也有它的瑕疵；但瑕不掩瑜，對它的優點與實用價值是絲毫無損的。同時此書在編撰排印過程中曾花過許多人的一番心血，與坊間一些草率編成的成語辭典面目不同，更是無可置疑的。

編辭典原是費力不討好的工作；但一部好的辭典，其價值卻是無法估計的。

我十分佩服天華兄與合力編撰《成語典》的劉中和、方祖燊、馮大綸、鄭奮鵬、邱燮友諸位的用力之勤；我也相信社會各界很快便會認識這部嶄新的工具書的優點及其實用價值。

（六〇、四、二〇於臺北迎暉室）

（以上三篇論介《成語典》的文字，分見《國語日報．書和人》第一三六四至一三六八頁）

《陶潛詩箋註校證論評》簡介

一九七一年（民國六十年）臺北蘭臺書局出版。一九七七年（民國六十六年）改由臺北學海書局印行。一九八八年（民國七十七年）十月改由臺北臺灣書店（臺北市重慶南路一段十四號）出版。二十五開本，三百四十七頁。陶潛字淵明，東晉時隱士，詩文辭賦都寫得非常好，詩尤其有名，是我國最偉大的田園詩人。一九六八年（民國五十七年），方祖燊教授開始研究陶淵明詩，經過三年完成了這部著作。出版之前就已經得到許多學者：像高明(仲華)、王靜芝、李辰冬、汪經昌幾位先生讚美，替他撰序介紹；名書法家莊嚴老先生，也樂於替他題封面上的書名。高仲華先生說：「祖燊把陶淵明詩分爲詠懷、贈答、田園、飲酒、詠史、說理、僞作七大類，然後再精細的考訂，論述這些作品的寫作時代、產生背景、詳細內容與文學價値，依次分別予以箋註、校證與論評，而成爲一部體系完整，集箋註、校證與論評的大成的書。這可以說是前所未有的！」並說是一部「光輝四射的大著」。這部著作還收有二十三幅有關「陶淵明的畫像、軼事與詩文」的插圖。讀來饒有快樂的情趣。

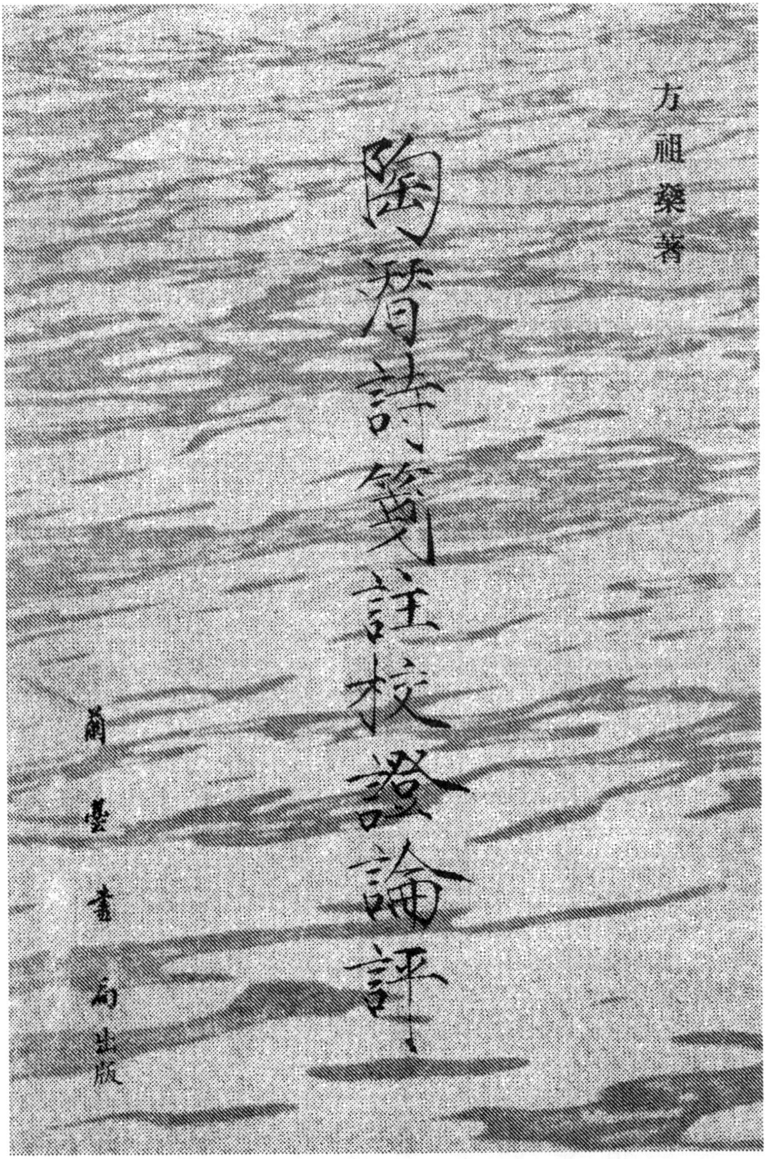
方祖燊著
陶潛詩箋註校證論評
蘭臺書局出版

Taur Chyan's Poems: A Textual Research, Annotation and Criticism

by Fang Tsu-shen(方祖燊)

Taur Chyan (372–427), also named Iuan-ming, was the greatest pastoral poet in the Chinese history. His work has been widely recognized in many countries, notably England, Japan and Germany that have translations of his poems. The author of this book, Professor Fang, teaches in the Department of Chinese Language and Literature, Taiwan Normal University. He was the editor of the Mandarian Daily News' (國語日報) Selected Readings in Ancient and Modern Literature (古今文選). This book contains Taur Chyan's biographies, his life and thoughts, annotation and critiques on his poems, the almanac of his activities, and others. In the chapters of annotation and criticism on Taur Chyan's poems, the author has sorted Taur's 126 poems into seven groups: reminiscent lyrics, dedications, rural life, drinking, epics, rationale, and poems by Taur Chyan impostors. Each poem is thoroughly and accurately verified, annotated and evaluated. Readers can easily appreciate the rich meanings and the high literary value of each poem and clearly relate Taur's work to the events which happened in the poet's time.

Being painstakingly thorough and tremendously valuable, Professor Fang provides, in the appendixes, Taur Chyan's essays, biographical information on Taur by other well-known literary figures, the poet's anecdotes, and other references on the study of Taur Chyan.

The author has also solicited and included in this book more than 30 pages Covering 23 different kinds of very precious art work. They are:

1. Taur Chyan's portraits; and pictures of subject matters based on his poems, essays and anecdotes. These pictures were created by both ancient and modern well-known artists like Lii Bor-shyr(李伯時), Chyou Ing (仇 英), Jou Yuan-suh (周元素), Shyr Taur (石 濤), Jang Yann-chang (張燕昌), Fang Shiun (方 薰), Hwang Jiun-bih (黃君璧), Jiang Jaw-shen (江兆申), and an anonym.
2. Hand-written copies of Taur's poems and essays such as Taur Hua Yuan (桃花源), Guei Chiuh Lai (歸去來), Wuu Leou Shian Sheng (五柳先生), etc. They were the works of calligraphers like Su Shyh (蘇 軾), Jaw Menq-fuu (趙孟頫), Bau Ming-shwu (包明叔), Day Peir-jy (戴培之), Uang Jong (汪 中), Lii Shean (李 鍌), and an anonym.

The book has received highly favorable reviews prior to its publication. Professor Gau Ming (高 明), Chairman of Chinese Graduate Study at National Taiwan Cheng-chi University, praised Mr. Fang's work as a tremendously illuminative masterpiece. Professor Wang Jing-jy (王靜芝), Chairman of the Chinese Department at Fu Jen University, said "To study and enjoy Taur Chyan's Poems, one needs no references other than Fang's book."

This is a highly scholastic work that has embodied all previous fine literary studies of Taur Chyan's poems and deserves careful study.

序

高明

方祖燊教授是一位好學深思的青年學者，他對於中國文學的研究，既具有最大的熱忱，又具有極高的智慧。他寫《漢詩研究》一書，對漢五言詩作者與時代問題有辨疑與新證，對漢武帝柏梁臺詩的出處、本子、作者、內容、形式與影響等有剖析與考正，對漢朝詩歌的形式有詳細的分析，對漢朝樂府詩的作品有精要的解題。對建安時代詩歌的作家與作品有深刻的評論，處處顯示出不同凡響，極爲汪薇史、成惕軒、梁子美諸先生所讚賞，紛紛的爲他作序。現在他又寫成《陶潛詩箋註校證論評》一書，由蘭臺書局出版，承他將原稿見示，並要我寫幾句話，作爲序言。我匆匆的讀了一遍，使我感到十分的驚喜。四十多年前，我在國立中央大學選讀胡小石先生所開的陶謝詩，就對陶淵明詩有了一種偏好，嗣後我遇到有關陶淵明的著述必加以搜集、閱讀和探討，祖燊這部書後面所附的參考書目，我大都看過。我覺得前人對於陶淵明的研究，眞是應有盡有；有關陶詩的問題，幾乎是發揮得毫無餘蘊。祖燊在這麼多的著述之後，還能夠自創新面目，卓然有所樹立，實在是不容易的事！

孟子說過：「頌其詩，讀其書，不知其人，可乎？」研究陶淵明的詩，不可不知陶淵明的生平、生活與思想。由顏延之的〈陶徵士誄〉、沈約的《宋書隱逸傳》，到《蓮社高賢傳》，那些有關陶淵明傳記的資料，見於本書附錄二的，大都很簡略；現代人郭銀田所撰的《田園詩人陶潛》，我的朋友李辰冬先生所撰的《陶淵明評論》，頗為繁富。祖燊在書前列有〈陶潛評傳〉及〈陶潛的生活與思想〉兩篇，卻能繁簡適中，剪裁得當，研究陶詩時，取來印證，是最為適宜的。關於陶淵明的思想，有人說他是超然物外，遺忘世事，如文中子、何湛之、汪藻等；有人說他雖然退居田園，並未超然物外，雖然動輒飲酒，並未遺忘世事，如顧炎武、龔自珍、譚嗣同等；有人說他是儒家，如陸九淵、安磐等；有人說他是道家，如朱熹、陳寅恪等；有人說他是佛家，如周正夫、葛立方等；眞是異說紛紜，莫衷一是。而祖燊卻能融會衆說，折中至當，這是難能而可貴的。敘述一個人的生平，以替他作年譜為最翔實，替陶淵明作年譜的，在宋有王質、吳仁傑，在清有丁晏、楊希閔，在民國有梁啓超、古直、傅東華、楊勇等。此外，張縯有〈吳譜辨證〉，陶澍有〈靖節先生年譜考異〉，朱自清有〈陶淵明年譜中之問題〉，對陶淵明的生平都各有發明。祖燊權衡各譜的得失，以為梁譜簡而不密，論年歲則創見獨多，遂取梁譜為藍本，參稽諸譜，加以修正和補充，使陶淵明年譜又出現一個嶄新的面目。在整編年譜的時候，必然要接觸到陶淵明的名字問題和年號甲子問題，祖燊把這部分資料輯錄為附錄四，可以供讀者的參考。為使讀者對陶淵明的生平能有更親切的體認，又旁徵博引，將許多陶淵明的軼事，輯為附錄三。陶淵明的文章，多是吐露他的心聲的，要了解他的思想與志節，也是不能不讀的，祖燊將它們輯為附錄一，對於陶淵明其人其詩的認識極有幫助。尤其他在書中置有插圖二十三幅，可以提高讀者探研陶淵明的興趣，也可說是匠心獨運。

祖燊這部書的主體，還是陶潛詩箋註校證論評那一部分。陶淵明詩，在宋有湯漢註、李公煥箋註，在明有何孟春註、黃文煥析義、張自烈箋注，在清有蔣薰評，張潮、卓爾堪、張師孔合評，方熊評、邱嘉穗箋、吳瞻泰彙註、孫人龍評註、馬墣本義、溫汝能彙評、陶澍註、方宗誠眞詮、鄭文焯批錄，以及鍾秀《陶靖節紀事詩品》、張諧之〈陶元亮述酒詩解〉等，在民國有丁福保箋注、古直箋、北京大學中文系彙評等，大都箋註、校證、論評不能兼備。但如祖燊這樣，把陶淵明詩分爲詠懷、贈答、田園、飲酒、詠史、說理、僞作七大類，然後再精細的考訂，論述這些作品的寫作年代、產生背景、詳細內容與文學價値，依次分別予以箋註、校證與論評，而成爲一部體系完整，集箋註、校證與論評的大成的書，這可以說是前所未有的！書中又有「陶潛詩地理圖」的說明一篇，前人考證陶詩多從年代方面著眼，注意到地理的很少，其實時、空不可偏廢，地理的背景對於一個詩人的影響之大，實在不下於時代背景。宋朝的王應麟研究《詩》三百篇，作《詩・地理考》，就是有見於此。現在祖燊研究陶詩，也注意到這一點，可以說不讓王應麟專美於前了。

書後附錄五包括兩部分，一是〈歷代學者編訂整理研究箋註陶潛集版本考〉，二是其他有關研究陶潛的事蹟與作品的參考書目，搜羅頗爲豐富，對於研究陶淵明詩的人尋找版本及參考資料，給予極大的方便。祖燊曾從這兩部分裏采擷他所需要的，含英咀華，寫成他光輝四射的大著。現在他又把這兩部分昭示給讀者，希望讀者不要辜負他的用心，能從他所發現的鑛藏裏，有更進一步的發掘，有更深遠更豐富的收穫，這是我誠摯的企望！

民國六十年八月一日高郵　高明　撰於臺北寄廬

序

王靜芝

我喜歡詩，尤其喜歡陶詩。我所以喜歡陶詩，完全由於我讀陶詩時的直感；並不是先受了某些評論陶詩，分析陶詩或注釋陶詩的書的影響。因爲我接觸到陶詩的時候，纔十幾歲，讀書不多，也還沒看到那些文學批評欣賞之類的書。我祇是直感的覺得，陶詩讀起來，令我心境平和，令我陶醉於大自然之中。事實上，那時我對陶詩還眞的不懂，但陶詩已給了我那一種感受。

漸漸的，我懂些陶詩，我自己甚至於也可以對陶詩分析幾句。但是在我懂些陶詩以後，所能分析的，仍和我最初的感受一樣。我以爲陶詩祇是用自然的文字，寫自然的景物，表現自然的生活，抒發自然的情感，如此而已。但這已足夠使我愛好而時時吟誦不已。我時常長吟陶詩，也時常竟會忘了自我，而身入詩境，感覺到宇宙之美，變化之奇；感覺到生活的情趣；感覺到造化的神妙，萬物與人生的微妙相關。這一切都由自然而來，都在自然之中。於是也就都在理之中，也就都在情之中。這樣，我由讀陶詩而陶醉於自然，漸漸的趨於讀陶詩而領悟自然。

我個人不承認陶詩是超然物外，一意澹泊，有使人消極退隱的意識。相反的，陶詩正是寫的眞實的自然生活，給沉迷於利慾之間的病患者，一服清涼劑；給因爲奔競失敗而頹廢不振的人，一服興奮劑。我以爲陶詩在說：一切都在自然之中；自然是不能違悖的；自然是最美的；自然便是人類一切的生活；榮利功業，也都在自然之中；人一旦能了解自然，人就是生活在此中的快樂者。這一種看法，是我個人的看法。個人的看法並不一定是對的。但這一看法，我以爲對人生是有益的。我常想把這一種看法，多加宣揚，能夠得多數的贊同，而共享此樂。但這種機會是很難得的，因爲這不能祇憑這樣一說，而必要有一個憑藉。現在，這一機會終於來了。

方祖燊先生拿了他的近作《陶潛詩箋註校證論評》給我看，使我這喜歡陶詩的人，從頭到尾，一氣讀完。我以爲陶詩有了這本書的精細釋註評論，應當可以將陶詩推入廣大群衆之中，成爲每人都能懂的詩集，也可以成爲每人都愛讀的詩集。

這本書的好處，第一是明晰，先使讀者讀陶詩，可以由箋註中了解詩義，不再有不懂。第二是詳盡，所有有關陶詩的問題，和作者陶淵明的事跡與詩的關係，都精詳敘述校證；對陶詩更有適足的評論，或引據古人，或自己講評。這些都極有助於對詩的了解和欣賞。第三是注意欣賞情趣，在書中加了不少的插圖，對讀者大有提高讀興的功用。我個人以爲，欣賞陶詩讀這一本書，大致不必再多翻檢其他的參考資料，就可以讀下去，而達到了解欣賞的目的。因此我願意在這裏寫出這一簡短的序文，略述個人對陶詩的看法。若能因此得與讀者共享領悟自然之樂，那也該是這本書應有的收穫。

中華民國六十年八月七日　王靜芝　於臺北茂廬

序

李辰冬

我自新加坡回國後，曾經數度與方祖燊先生談陶淵明，意見非常接近，甚而對某一篇作品的寫作年月，所考證的結果也相同，心裏很感高興。我知道他正在從事一部關於陶淵明的著述，希望他早日完成，以享讀者。現在果然看到這部《陶潛詩箋註校證論評》，不勝幸欣，從此以後，對陶淵明總算有一部比較完備的參考書了。只從這部書名，就知道「箋」、「註」、「校」、「證」、「論評」，無所不備了。

不過，我希望方先生能百尺竿頭更進一步，則此書就更完美了。因爲每篇陶詩，他幾乎都考證出年月，可惜他是採分類繫年解釋，不是整體繫年解釋，所以感覺有點亂。他雖然有一篇年譜補這個缺點，但對陶淵明一生的意識發展，單從各類作品看來，給人的印象畢竟是淡得多了。我數十年來作文學研究的經驗，深深認識到作品繫年的重要。因爲把每一篇作品排在固定的年月，固定的地點，固定的人物，固定的事件，固定的情感背景，作品的意義就自然出現，不必去猜，也不必引證前人的解說，而自能一字一句解釋得清清楚楚了。老實講，我之能把《詩經》三百零五篇連繫起來而成爲一個人的作品，就由作品繫年這個基本觀念而來。《詩經通釋》現在已經出版了，大家可以考訂一下我的作法是否正確。兩千多年前的作品還可作繫年，我想比較近代的陶詩作起來當也不至太難吧！

文學是意識的表現，而意識一定要在作了作品繫年之後，才能發現作者因環境的改變，意識也在改變。這時才能知道意識的意義以及意識與作品的關係，而作家所要表現的就是這些意識。然意識是由政治、經濟、思潮、宗教、家庭、友朋、環境種種關係的改變而改變的，這時就又發現作者意識的改變與當時的政治、經濟、思潮、宗教等等息息相關，這樣，就將作者的心靈與環境互相溝通，互相印證，而眞正可以欣賞作品了。二十年前，我寫《陶淵明評論》時就存了這個理想，因爲那時參考書太缺乏，作的不夠理想。方先生現在依據他現有的成就，從事這種工作就比較容易，不知方先生肯接受我這個建議否？

民國六十年九月六日　李辰冬　序於臺北

序

汪經昌

昔眉山居士論靖節詩，稱其質而實綺，癯而實腴，非曹、劉、鮑、謝、李、杜諸人所能及；而紫陽翁亦謂其辭甚高，其旨出於老、莊，故陶詩言簡意深，色淡境迥之處，遂費咀嚼。更以流佈日久，刻本互歧，益使後來綆汲之士，探驪索珠，代相踵武，或註釋其典實，或箋疏其本義，或校刊其是誤，或摭輯其品藻；迄今猶得樂道者，如宋費元甫之作註，元詹若麟之補註，明黃文煥之析義，清蔣薰、方熊之評點，何義門之校勘，馬墣之本義，溫汝能之彙評，陶澍之集註等作，類皆就一端之專攻，以謀當陶詩之鼓吹。至邇近中外時彥之繹緒抽綸，層見迭出；其推波助瀾之勝，尤壯觀己。方教授祖燊近著《陶潛詩箋註校證論評》一書，披覽全帙，是殆欲綜以往諸賢述作之所長，更進而以彌其所不足者，不僅英氣形諸楮筆，並見高蹈本乎存養。其生平卓志不群，捨易圖難之情性，又復於斯著之成也益徵信之。

辛亥秋日　汪經昌　時客香江之鷦寄樓

自序

方祖燊

民國四十三年，我爲《古今文選》選註陶淵明的詩，才開始細讀他的全集及陶澍、古直、丁福保諸家註，及王質、吳仁傑、陶澍等年譜、梁啓超的《陶淵明》等書。那時，我才二十幾歲，特別喜愛「誰言行遊近？張掖至幽州。」「君子死知己，提劍出燕京。」「采菊東籬下，悠然見南山。」「奇文共欣賞，疑義相與析。」「晨興理荒穢，帶月荷鋤歸。」之類，或懷負壯志，或高義薄雲，或悠然自得，或與友切磋，或努力耕耘，富有豪雄情思，清俊詩意的詩句。在他的文章中，吟誦數過的，除幻設理想樂土的〈桃花源記〉，神味飄飄的〈歸去來辭〉，自序其志的〈五柳先生傳〉外，最喜歡的就是〈閑情賦〉。每次讀到「願在衣而爲領，承華首之餘芳；悲羅襟之宵離，怨秋夜之未央」，至「願在木而爲桐，作膝上之鳴琴；悲樂極以哀來，終推我而輟音。」前後疊連相同情思的共有十句，覺得他抒寫惶惑不寧、須臾九遷的深情，宛轉而熱烈；和德國的詩人海涅的〈抒情間奏曲〉：

「成千的花兒開在
我如雨的淚滴裏，
我吐出的嘆息中

有夜鶯在悲啼。
你若愛我時，親愛的
我會替你帶來鮮花，
夜鶯也要謳唱
在你窗兒底下。
……………」

是同樣優美感人。過了兩年，我自己又選註了〈歸去來辭〉；待到我主編《古今文選》的時候，又請內子黃麗貞女士註譯〈閑情賦〉，以饗讀者。

對陶淵明的詩和文，我都喜歡讀。不但如此，有關研究陶潛的著述，也都陸陸續續借來買來，細加研讀。以往，我自己也曾發表過一篇萬餘言的〈陶潛傳〉，及另一小篇〈淵明小傳〉。由於我自己對陶詩的特別喜愛，民國五十七年，我向國家科學委員會申請研究魏、晉詩歌，其中陶潛的部份，也就特別做得詳盡，幾乎已通盤研究到了。後來，我和姚一葦兄談起，他就鼓勵我何不將陶詩全部箋註出來，成一專著！

於是我著手工作，開始以為憑自己的能力，大概三個月就可以竣事，所以當時就一邊作一邊交給印刷廠排版。哪知作了下去，卻不是那麼容易，快的一天解決一頁，慢的一個星期也解決不了一首。每一首詩，我都是讀了又讀，沉迷其中，體驗其思，品賞其味，想串解前人所患解不通的地方。有人說「批評鑑賞，等於再創作」，自己也深深體驗了這一句話的含義了。最困難的，是要研討每一首詩產生的時代背景；於是我向圖書館及私人借參考書。好朋友如汪雨盦兄、黃錦鋐兄都將他們珍藏書刊，借我參考。我除了找我能找得到陶集的版本參校外，並且細研有關兩晉史籍、諸家年譜、各種詩話、筆記、彙評、論著，以及與陶詩有關的總集、別集。整整經過了兩年多的工夫，才完成這部著作。在「箋註、校證、論評」那一部份作品編排的體例，我大致採用史家「編年」及「紀事」的混合體，形成「分類繫年」的安排；原意在陶淵明詩的方面很多，分成「詠懷」、「贈答」、「田園」、「飲酒」、「詠史」、「說理」、「僞作」七大類來研究，讀者可以見出他的成就，在這一方面情形如何？在那一方面情形如何？作品分類後，再加繫年，目的在使作品和年代能緊密配合一起，使讀者能一目了然，由時代背景，社會環境，而體會到作者創作這些詩篇時的心理狀態。這一部份，是我特別心織筆耕的地方。現在看起來，仍然有它的缺點。這本書，現在終於問世，撰作將近三年，在印刷廠中邊送稿邊排印的也有兩年，自己的感覺，好比內子剖腹生下漂亮的雙生子一樣的不容易，喜歡抱給長輩朋友看看，希望他們讚美幾句，也就感到工作的愉快了。承蒙高仲華、王靜芝、李辰冬、汪薇史諸教授的不棄，都能在百忙中抽空爲我撰寫序文，過譽的居多，指出美中不足的也有，我都非常感謝；指出優點，可以加強我以後研究的信心，應該繼續走的路子；指出缺點，也可以作我的指引，以便改弦更張時，糾正我不頂確當的方法。

《陶潛詩箋註校證論評》這本著述，假使能夠像王靜芝教授所期望的，能「將陶詩推入廣大群衆之中，……成爲每人都愛讀的詩集」的話；我想這應該歸功於下列幾個原因：

第一應該歸功於陶潛作品本身的自然偉大，早已成爲大家所愛讀的對象。我國前代的評論家、詩人、讀者，幾萬人同聲的推贊陶潛，是屈原、曹植之後最著名的詩人。現在他的作品早已經流傳到日本和歐洲。像英國學者羅拔倍恩（Robert Payne）曾把陶詩譯成英文，收在白駒集（民國三十七年紐約約翰德伊書店出版），德國學者洪濤生（V. Hundhausen）也曾經把陶潛詩譯成德文。日本學者白河次郎曾把陶潛的詩和英國桂冠詩人華茲華士（William Wordsworth）作〈將睡〉（To Sleep），《逍遙遊》（The Excursion）中的〈隱者〉（The Solitary）與〈山間之寺〉（The churchyard among the Mountain），《意大利游詩》（Memorials of a Tour in Italy）等數節，哥德斯密士（Oliver Goldsmith）作〈荒村行〉（The Deserted Village），德國詩人席勒（Johann Christoph Friedrich von Schiller）作〈保證〉（Die Bürgschaft），克萊斯特（Kleist）作〈春〉（Der Frühling）等寫景詩，加以比較，認爲西詩是純粹寫景，淵明是寫景寄興同時存在詩料之中，固不可同日而語。如「草屋、方宅、榆柳、桃李、遠村、荒墟、鷄犬、荊扉、披草、桑麻、豆苗、鋤犂、林野、邱隴、井竈、桑竹、山澗、濁酒、柴車、稚子、薔薇、蘭、菊、松……」，都是淵明寫詩的材料，趣味多，足以寄託他田園生活的興味，描寫農村的景物；寫景寄興，同時完成。他認爲陶潛的作品與生活，醇而又醇，推爲世界第一。陶潛不止是我國偉大的田園詩人，也是世界性第一流的田園詩人。他的詩歌，自是人人所愛讀的。

第二應該歸功於前人對陶潛的研究遺留下來的寶藏非常豐富。正像高仲華教授所說：「前人對於陶淵明的研究，眞是應有盡有。」有諸家的箋註析義，校勘彙評，詩話筆記，論著年譜等等，不可勝數。我不過幸逢其盛，所以能夠從中取我所需，很容易就能挖到琳琅珠玉罷了。

第三應該歸功於良師益友的協助。譬如我的書中插圖有二十三幅，高、王二教授都認爲可以提高讀者的興趣。仲華前輩並以爲這是我「匠心獨運」的地方。談起這些插圖，實由於有一天，我往訪作家子敏兄，請教他這本書封面設計的問題。子敏兄認爲封面除了配圖外，書名應該請莊嚴老先生以筆勢勁逸的宋徽宗瘦金體來題寫，才能表現出陶淵明的高風亮節來。於是我託柯劍星兄函請莊老先生題字。因此，我就想在書中多蒐集幾幅有關的名畫法書；於是在師大任教的傅佑武兄，爲我送來了畫家黃君璧教授描繪「桃花源」的名筆「別有天地非人間」，又介紹我向藝術系圖書館借明仇英的「桃源圖卷細部」照相製版。也正當我在翻檢畫冊，尋找有關插圖之時，剛好何明績先生也在那裏借畫冊，知道我尋找插圖的意思，就自動約定時間，將他所收藏的周元素「淵明逸致」、佚名書〈五柳先生傳〉、「陶淵明策杖圖」等數種，借我製版。何先生過去和我並無一面之緣，僅此一會，就給我這許多幫助，實在感激。也使我這本書的內容，增色不少。前輩包明叔老先生以八十有一之高齡，也樂於爲我用小楷書寫〈桃花源記〉，由張席珍兄送來；書法家戴培之教授也用那遒勁的筆力寫了〈桃花源詩〉送了給我。我也因此獲得包、戴二家法書，把它裱了起來，掛在大廳中；這是我撰寫這部書意外的收穫。汪中兄又爲我找出畫家江兆申繪「清晨聞叩門」，石濤「採菊東籬下」、「菊」、「桃源洞」，以及蘇軾、趙孟頫書〈歸去來辭〉。汪中、李鍌二兄書法也頗雅緻，又分別為我書錄一小幅。再加上我自己所找到的，遂使這本書中插圖多達二十三幅，三十餘面。眞是法書寶圖，琳瑯滿目，自己看來也很感興趣。其實這都是「群策群力」得到的成就。

替我作序的高仲華、汪薇史兩位學者，都是我素所私淑心儀的先輩，我雖未列身門牆，對我這部著述，卻多蒙讚譽，大抵是提攜後進，所以特別加以揄揚；我非常感謝他們的高誼厚情。王靜芝教授和祖燊，文字論交很久；他不以我為後學，每有了著作，常先寄贈給我；我有了著述，也每先就教於他。本書〈陶潛年譜〉中關於吳仁傑先生的事蹟，我遍查不得；後來乃在靜芝先生寄贈大著〈劍南詩稿族友考〉中引《蘇州府志》所列「吳斗南」一則，寫成小傳。他作《詩經通釋》，主張「注解義釋，力求明快」，對我箋註陶詩的態度也很有影響。李辰冬教授，是此地治陶詩的前輩；《陶淵明評論》，我早在民國四十五年底讀到。這次寫這部書，又承他寄贈〈陶淵明作品繫年補正〉一文，當面也曾談到陶詩一些問題，我在書中引用李先生意見的也有好幾處。現在，他在序中及見面時，又再指出我在體系上，假使能採用「整體繫年」的方式，將陶詩一年一年排列起來，由作品的本身的按年排列，就形成一部「詩史」了，由此可以看出陶淵明一生意識的發展。我因為這書已全部排版完成，無法更改；不過我想這也是研究文學作品一條更好的途徑，所以特誌於此，希望學者留意。由於有這幾篇佳序揄揚，我不禁想起左思的〈三都賦〉，因名儒皇甫謐一序，而洛陽為之紙貴；如能這樣，也是我所「夢寐以求」的了；因為陶詩是我所特別喜歡的，也希望讀者都能和我一樣喜歡讀它。

最後非常感謝這些老師朋友的厚愛，給我許多助力。馬嘉信學弟替我速寫了一幅畫像，併此道謝。

民國六十年九月十一日八閩　方祖燊

《陶潛詩箋註校證論評》目錄

《陶淵明》簡介

一九七八年(民國六十七年)臺北河洛出版社出版，二十四開本，二百六十六頁。一九八二年(民國七十一年)改由臺北國家出版社出版，三十二開本。一九九五年(民國八十四年)國家出版社(臺北市北投區大興街九巷二十八號)重新排印出版，改爲二十五開本，增加了一篇方祖燊自序。最好的版本是一九七八年河洛本，錯字最少。這是一部《陶淵明》的評傳，文字嚴謹而流暢，但讀來十分輕鬆。方氏用編年體的手法，寫出陶淵明的一生事蹟與其作品。由此可以看出陶公的生活全貌，美麗愛情，戰亂時代，爲祿出仕，安貧守道，辭官歸隱，田園生活，飲酒賦詩，〈形影神〉的思想，〈讀山海經〉雜感，〈桃花源〉的烏托邦，晚年生活，以至臨終前的自挽詩，平昔曠達的心境。從歷史的資料，作精詳的考訂，糾正了前代學者的許多錯誤。例如說「蓮社十八賢」是在不同時期加入慧遠所創立的白蓮社，並不是同時，因此解開了過去學者的疑惑。考定白蓮社成立的年代與日期。指出前人把「素琴」做「無絃琴」的謬誤，而引用陶淵明的詩文，證明陶公彈奏的是「七絃之琴」(說見「飲酒上」一四二頁)。在《陶淵明》這本書裡，像這一類的創見確論，可以說是「時時間出」。

陶淵明

風簷展書讀
古道照顏色
陶淵明
方祖燊著

陶淵明
方祖燊 著

自序

方祖燊

我二十幾歲時候就喜歡讀陶詩；民國五十七年（一九六八）開始全面研讀《陶淵明集》以及與陶淵明有關的兩晉史籍、諸家年譜、各種詩話、筆記、箋注、彙評、論著等等，經過兩年多的工夫，我完成了《陶潛詩箋註校證論評》這部著作，六十年九月間由蘭臺書局初版。蘭臺書局歇業，六十六年十月改由臺北學海出版社印行經售。至民國七十七年（一九八八）改由臺北臺灣書店出版增訂本。

陶淵明，一名潛，字元亮，潯陽柴桑人，處身東晉末、劉宋初之間的戰爭動亂的時代。他是我國最著名的田園詩人，詩今存一百二十六首，描繪農村的生活，歌頌自然的美景，文字平白，富有哲理，自然沖淡而有味，表現閒適的意境，天然自得的情趣。「桃花源」就是他因厭惡戰亂而描繪的一個理想的樂土。描寫愛情的〈閑情賦〉不但文字美麗動人，而且情感奔放熱烈。他的作品流傳到歐美日本，成爲我國聞名世界的詩人。

民國六十六年（一九七七），臺北河洛圖書出版社發行人許仁圖先生，透過臺灣大學葉慶炳教授的介紹，邀請我撰寫《陶淵明》評傳，收入河洛出版社的「古風叢書第一輯」中，在民國六十七年十月出版。古風叢書第一輯十種，此外還有葉慶炳的《關漢卿》、林文月的《謝靈運》、吳宏一的《李白》、黃麗貞的《李漁》、邱燮友的《白居易》、羅聯添的《韓愈》、汪中的《杜甫》、張健的《陸游》和黃錦鋐的《阮籍稽康》。後來河洛將這些書籍移轉給國家出版社繼續印行。今年六、七月間，國家出版社林洋慈先生兩次來訪，表示《陶淵明》這本書要重新出版，要我寫一篇新版的短序。我素來認為個人的著作，能夠不斷印行，推廣流傳，也很好；在此重版前夕，誌此數語。

《陶淵明》目錄

《中國少年》簡介

一九七九年（民國六十八年），臺北幼獅文化事業公司（臺北市延平北路71號）出版。二十五開本，七十二頁。收入「青少年通俗讀物叢書」中（國中適用），收「移山塡海、中華民國的誕生——雙十節感言、父母愛我我愛父母、有興趣做科學家嗎、怎樣和人融洽相處、說話的重要、照顧自己生活、爲國家而戰、中國的文學與藝術、我們的責任、心理困擾怎麼辦」等十一篇文章。

青少年通俗讀物（國中適用）(一)
中國少年
審訂：宗亮東／撰稿：方祖燊
幼獅文化事業公司 編印

《春雨中的鳥聲》簡介

一九七九年（民國六十八年）二月臺北益智書局出版，三十二開本，一百九十八頁。這是方祖燊文集第一集。子敏和黃麗貞各替他寫了一篇序。子敏是他的同班好友；黃麗貞是他的夫人。這本文集包括「小說、景物、談文、人物、抒情」五輯；內容駁雜，由此可見。但文字已相當洗鍊雅緻。他從一九五二年（民國四十一年）師院畢業後，參加註譯《古今文選》，前後忙碌了十七年；他在師大教書寫的又多是學術性論著；可以說他實在無暇從事創作。當時有書局想替他出一本文集，他就把平日偶而發表的一些作品，雜七雜八，挑了三十九篇，編後又附錄一篇黃麗貞的〈珍重今生〉，湊成四十整數。它之出版，正如黃麗貞所說：「期待了許久，祖燊終於達成了『要出一本散文集子』的心願。」書名「春雨中的鳥聲」是文集裡的一篇短文：

在春雨綿綿中，聽到不絕於耳的鳥聲，眞美！每當清晨，我走出了家門，沿著窄窄的小巷走去，兩邊樓屋上就傳來許多細碎的鳥聲，此起彼落，教我的心中盛滿了喜悅。

那時，他住在永和環河西路。這一帶的房屋都是連棟的兩層樓，巷道非常窄小。而今這本文集已經絕版。不過，其中寫的比較好的，都收進了《方祖燊全集・散文選集、雜文選集、小說選集》中。

也是一個武陵人

——「方祖燊文集第一集」序

子　敏

我用「武陵人」這個典，是因爲陶淵明的〈桃花源記〉裏的那個武陵人，恰好可以拿來做「探索水源」這個意念的象徵。

我跟祖燊，一向以名字互相稱呼。在年輕時代，我們是一對最要好的朋友。一直到現在，我們那草原似的黑髮，都隱隱約約的開出了秋天的蘆花，這種情誼仍然沒有改變。

爲了編註國語日報的《古今文選》，祖燊有一度捨棄了文學創作，走進古典像一個古人，隱失在古典裏像一個隱士。我也是，爲了主編國語日報的兒童副刊，我走進兒童文學裏像一個穿斑衣的魔笛手，隱失在兒童文學裏像永遠長不大的仙童「彼得·潘」。我們在文學世界裏的輩分有了新的改變。在文學世界裏，他老得像爺爺的爺爺，我小得像曾孫的曾孫。他手裏抱的是有注有疏的線裝書。我手裏抱的書，有時候竟單純到一頁裏只有兩個大字。

這種情形，使兩個碰在一起就有談不完的話的人，值得談的話更談不完了。我們談文學創作，談中國的古典文學，談兒童文學。我們常常談話誤事，忘了兩個人都已經是有家的人，從辦公室談到街上，從街上談進餐館，像兩個古代詩人走進了酒店，再也不想回家。我們的太太也都能諒解這兩個人的無害的荒唐，如果這是一種知識的交換，知道在她們認識我們以前，我們原本早就已經是這樣子的了。

可貴的友誼使我在專心工作的時候，對他的工作領域並不陌生。我翻譯《青蛙先生的婚禮》《小貓凱蒂遊運河》，爲我的三個孩子寫了一本《小太陽》，爲一隻白狐狸狗寫一部回憶錄《懷念》。他埋頭寫《漢詩研究》《魏晉時代詩人與詩歌》《陶潛詩箋註校證論評》。在我們的談話中，青蛙先生跟曹植，小貓凱蒂跟左思，白狐狸狗跟淵明，交錯成多采的話題，因爲他們都是文學世界裏的事。我們進行一種少有的交換；他替我讀書，我替他讀書似的那種交換。

就在進行這種交換的時候，我心中有了「武陵人」的意象。祖燊沿著文學的大溪向上游走去，像一個武陵人。這個武陵人是「教書爲業」，也是「緣溪行，忘路之遠近，忽逢桃花林」，不過這條文學大溪是很長的，而且是數百步外又有一座桃花林，數百步外又有一座桃花林的。祖燊搖著小船兒，越走越遠，走進了遙遠的古典。我跟他談話，常常可以享受跟他同船的樂趣；但是我更喜歡想像這個武陵人，在寂靜的古典的峽谷裏，在綠色的古典的溪中，獨自搖船尋找桃花林的情景。

在我們都很年輕的時候，我們就已經是熱心的投稿人。我們右手中指的左側面，早已經有一個鋼筆磨成的又亮又厚又硬的寫作繭。我們右手大拇指跟食指上的指紋，早已經被鋼筆桿磨亮，分不清是「箕」是「斗」。因此，我們的有趣的談話也都不是白談，那些談話往往變成了文章。

有一天，他不停的跟我談「浮生六記」，談沈復從街上談進了飯館像兩個忘形的古代詩人走進了酒店。他怕思路被人打斷，兩次回答問我們「來點兒什麼？」的小二說：「隨便。」就在我們邊談邊嚼店裏端到桌上來的東西的時候，我心裏忽然大大起疑。果然，在第二個月，在我的書桌上，在《中央月刊》裏，我讀到他的〈蕭爽樓〉的文章。

有一次，我在《國語日報》上發表了一首〈荔枝〉詩。他對我的一個長句發生了興趣。

在唐朝，
你騎著搭拉搭拉的快馬
從嶺南飛跑到長安，
愛音樂的皇帝在等待，
美麗的貴妃也在等待。

他笑我這個愛用現代語寫作的人竟用了一個古典，然後，他由荔枝談到他的童年，然後，又繞回我所用的那個古典。分手的時候，他含笑沈思，沈思含笑，就像是提著一簍心愛的荔枝回去。不久，我就讀到他寫的〈故園荔紅〉跟〈荔枝香的故事〉兩篇散文。

他常常評論我的散文。我靜靜的聽，聽明白了以後，再表示接受或者不能接受。辯論是不能避免的。他的好處是儘管辯論了四五個小時，從來不說一句傷人的話。那眞是一種越辯論心情越愉快的辯論。辯論的時候難免炫學，因此辯論完了以後，彼此心中都有了一份新的「必讀書單」，趕緊回家去找書來看。

他也常常給我出題目，在我們的談話中突然插入一句：「這個你可以寫一篇文章。」我是反對命題作文的，可是每回到了應該交稿子偏偏又文思枯竭的時候，他出的題目就像一個雙手抱胸，倚在門邊，很有耐性的想邀我出門的中學時代的好同學，只要我看他一眼，他就會笑咪咪的徵求一次意見：「怎麼樣？」有時候，你難免成爲他的俘虜。兩個人都愛看書，但是涉獵的範圍多少有些不同。那不同的部分是我們所珍惜的。那不同的部分使我們有資格成爲對方的顧問。我們常常一個電話來，一個電話去的請對方代查資料，做義務的知識服務。我們都特別珍惜對方的藏書。

他喜愛寫作，教的又是中文系，所以難免被刊物主編的探照燈所捕獲，出種種新鮮題目叫他寫文章。那些題目，有許多是非常古典的，正適合這「緣溪行」的武陵人來寫。他寫的正是他搖著小船兒前行所看到的夾岸數百步的桃花林。這些文章，不像他的嚴肅認眞的研究工作。這些文章，都帶著情趣。

他關心國語文教學，關心中文系裏的學生，所以常常跟朋友熱心的爲學生編書，分擔了書中一些單篇的寫作。這些文章，不但明白如話，而且往往生動像圖畫；尤其可貴的是，爲了要寫得對人有用，不怕爲一篇文章查一桌子的書，在文章裏儘量爲讀者提供有趣味的資料。

編過書的人都重視跟資料接觸，辛苦搜集來的資料像捕到的大魚，往往捨不得再放回大海去，因此他寫文章常常中途變卦。本來是想寫一篇以「茶」爲題目的一千多字的抒情散文，結果卻寫成一篇一萬多字的有趣味的綜合性散文「中國茶葉」。可惜他這次結集，「中國茶葉」之類文章未收在內。

愛寫作的人都喜歡爲自己出版的書寫自序，那篇自序往往又成爲一篇文章。祖燊寫過不少嚴肅的書。這些書都是他的研究工作的產物，如果沒有那篇有人情味的自序，必然會像一座沒有綠地的建築。這些可愛的自序，等於是他的樓房前的庭園設計。

這些文章，篇篇都耗費過他的心血。一篇一篇的文章，對他來說，等於心血凝成的一顆一顆的珠子。他一顆珠子一顆珠子的存下來，穿成一串珠鍊，就成了這一本「方祖燊文集」。他把珠鍊拿給我看，而且要我爲他的文集寫一篇序。這一回，他也許不寫自序了。

爲好朋友的新書寫序，等於在講演會上爲講演者致介紹詞。懶人寫序往往只有五六句，使朋友不得不通知印刷廠用較大的字體來排印。這種太短的序，容易使人弄不清寫序人究竟是致介紹詞的人還是一個司儀。序雖然是序，也應該有自己的小主題，也應該有一點兒意思。讀者可以看出來，我努力的方向是用圖畫性的語言爲祖燊畫一幅語言畫像。這是很不容易成功的，但是我至少沒讓這篇序成爲儀式。

要說這篇序根本就是一種儀式也可以。假定新書出版也有新書出版典禮，那麼，這篇序就是在司儀高聲喊話以後寫的。那司儀用洪亮的聲音喊的是：

好朋友致詞！

《春雨中的鳥聲》．子敏〈也是一個武陵人〉

序

黃麗貞

期待了許久，祖燊終於達成了「要出一本散文集子」的心願。這本集子，題名《春雨中的鳥聲》，選輯了他三十九篇作品，加上一篇我寫的附錄，一共是四十篇。

祖燊是個相當勤於筆耕的人，在師範學院讀書時，就嚮往著做一個作家，他也具備了文人銳敏的感受力，只是畢業後走進了古典文學研究的領域裏，又選擇了教書做職業，註譯《古今文選》，寫專門論著，還有備課、授課、改作業，現實的生活與工作，剝奪了他文學創作的時間和精力，但他還是不時抽空寫作，把自己生命的印痕，工作的心得觀感，旅遊、交友所得的見聞，逐件記下，十多年來，除了那幾百萬字的專門學術性的著作外，散文的作品也累積了不少。近幾年來，便時常提到「要出一本散文集」這句話。現在終於選了其中一部分，由益智書局出版。

在這四十篇作品裏，祖燊把他生命途程的鱗爪，用很精簡扼要的文字勾畫出來，〈津門街舊居〉、〈離別〉、〈小鎮草臺戲〉、〈秋的故鄉〉、〈母親與蘭花〉、〈萍水相逢〉等篇中，可以讀到他少年時在戰亂中長成，對家人、故鄉的懷想。在〈溪頭行〉、〈阿里山奇彩〉等篇，寫景如畫的遊踪紀實中；〈癌彈〉、〈從芥川龍之介的「鼻子」談起〉等的生活插曲中，可以讀到他對平淡生活的銳敏感領和心情。不過，我更喜歡他那些讀書心得、教學餘談的作品，在這類作品中，他提出了很切實的文學創作和鑑賞的方法，怎樣作詩、怎樣寫小說、怎樣描寫人物和風景、怎樣欣賞幽默和笑話，都是平淺又切實有用的短篇文學理論，不但內容寫得活潑有趣，篇中的文筆也可以使人領悟出文字運用的妙境。至於〈曹雪芹〉、〈吳承恩與西遊記〉、〈歐陽修與梅聖俞〉等人物作品的介紹，也可供愛讀舊詩舊小說的人作參考。

每一個作者的作品，都是錄下他的生活點滴，而這些點滴，往往能使讀者獲得一些心靈情意的感受，和事理上的啓發，作爲自我寫作、讀書的引導。祖燊這本集中所選的作品，寫親情使人心湖蕩漾，寫景如在目前，說理意念明晰，文字也很優美活潑，是一本可讀性相當高的散文。

民國六十七年十二月

《大辭典》簡介

一九八五年(民國七十四年)八月，臺北三民書局(臺北市重慶南路一段六十一號)出版。十六開本有燙金本、平裝本兩種。爲一部匯集古今各科詞語的綜合性大辭典，共收錄字15,106字，詞127,430條。分爲上、中、下三巨冊，每冊前都附有「難檢字表」，三冊的正文共五千六百六十一頁。上冊還有編輯大意四頁；下冊五六六三頁至六一九〇頁，爲「《大辭典》附錄」，包括：中國歷史紀年表、中華民國憲法、動員戡亂時期臨時條款、中華民國中央政府組織表、度量衡法、中國國家標準(CNS)單位換算表、度量衡標準單位表、中外度量衡換算表、世界各國幣制、世界時區圖表、華氏攝氏溫度換算表、世界各國面積人口首都一覽表、威氏音標索引、西文譯名對照索引、筆畫總檢字表、注音符號索引、國音注音符號與各式中文拼音音標系統對照表。一九七一年(民國六十年)，劉振強董事長邀請方祖燊、李鎏、余培林、林明波、邱燮友、黃麗貞、劉正浩、謝雲飛、應裕康、繆天華十人，編纂一部四百萬字的辭典，預計兩年完稿。後來，劉先生將它擴大，邀請更多學者參與工作；最後列名其上，有編纂委員五十六人，分科編纂五十八人，編輯四十二人，校對十四人，附錄編輯四人，插圖繪製五人，封面題字一人，裝飾設計一人：共一百八十一人。到一九八五年始告出版，前後十四年。範圍廣，功能多，解釋精，字體美，是這部大辭典的特色。

大辭典
三民書局

大辭典

編纂委員會名錄

編纂委員

（按姓氏筆劃排列）

方祖燊　亓婷婷　王冬珍　王熙元　王關仕　尤信雄　左松超　朱守亮　李鍌　李振興　李道顯　何寄澎　余培林　余崇生　林礽乾　林玫儀　林明波　林素清　林烱陽　林麗眞　周志文　周浩治　周鳳五　邱燮友　金榮華　洪順隆　徐文助　許錟輝　張學波　陳弘治　陳郁夫　陳新雄　陳滿銘　陳鵬翔　莊萬壽　黃沛榮　黃志民　黃俊郎　黃慶萱　黃錦鋐　黃麗貞　齊益壽　廖吉郎　劉正浩　劉本棟　劉德漢　龍良棟　賴炎元　賴明德　賴橋本　謝雲飛　應裕康　戴璉璋　繆天華　簡宗修　簡宗梧

分科編纂

丁有存　王澄霞　王德馨　王澤鑑　王韻秋　毛振翔　毛齊武　石磊　宋允鵬　宋光梁　汪鐵志　李亦園　李興才　吳怡　呂亞力　呂理福　何秀煌　何懷碩　幸世間　林美容　林紀東　林錫璋　芮逸夫　施河　柯芳枝　翁國盈　許介鱗　連照美　張秋男　張潤書　張曉春　張錦源　陳文尙　陳定國　陳國章　陳榮傑　陳慧劍　陳憲明　陸民仁　彭文賢　黃士強　黃友棣　焦祖謙　賈馥茗　楊國樞　楊惠南　楊超然　楊萬全　楊維哲　諸亞儂　蔡文輝　劉宗榮　劉其偉　劉斌雄　劉魁元　羅煥記　薩孟武　薩師洪

編輯

丁光玲　丁敏媛　王韻芬　李金枝　吳天泰　呂石綠　林文欽　林世珍　林珍芬　林婉儀　林琇玉　林瑞玫　邱敏慧　洪雅琪　柳貴美　紀麗貞　唐明珠　唐美蘭　徐雪雲　梁華忠　郭春穗　張秀慧　陳芳汶　陳韋潔　陳素芬　陳雪珠　陳麗鄉　陳寶雪　陳寶鳳　黃素玲　楊家瑩　萬敏香　葛珠蘭　廖慧娟　鄭秀美　劉肖洵　謝世忠　謝美智　謝清香　薛秀美　聶素芬　蘇榮化

校對

朱璧君　汪玉珍　李蘭芳　呂瓊蕙　林秀美　林秋碧　林麗芳　張錦蓉　陳惠珠　湯嘉蘭　曾玉明　鄭香嬌　顏彩雲　顧道吾

附錄編輯

王健文　張忠　陳文寅　賴振東

插圖繪製

蔡芸萍　盧亮光　謝靜瑜　簡瓊琪　蘇佩貞

封面題字

李士秀

裝飾設計

張國雄

比翼雙飛

黃麗貞／方祖燊

《說夢》簡介

一九八六年（民國七十五年）一月臺北文豪出版社出版，三十二開本，二百零三頁。是方祖燊、黃麗貞伉儷的合集，收輯他們在青年戰士報、青年日報、中華日報、新生報、國語日報、大衆日報、民衆日報、中央月刊、國魂等副刊雜誌上所發表的文章四十二篇編爲一集，並以方氏的〈說夢〉作爲書名。方祖燊擅長敘事論理，〈說夢〉不必說是一篇極佳的闡釋「夢」的文字；香港雜誌《龍之淵》曾轉載其全文；〈美的探索〉、〈元宵文學〉、〈茶道〉等都是極其可愛小品味濃的議論文。黃麗貞優於寫景記事，常就平凡的生活撿拾靈思寫成了文章，〈花意葉情深款款〉可以作代表；〈韓國．春的步履〉是她在韓國大邱啓明大學爲客座教授時候所寫，刊於臺北《青年戰士報》，後來被啓明大學譯成韓文刊於《外明》雜誌。〈黃金歲月〉寫她的大學生活，被選入中華日報《我的大學生活》中，都是極佳的作品。比較兩人的風格，黃清麗像春天流水，入眼爽心怡神；方雅緻似山陰道上，處處教人留駐；各有他們的長處。

說夢
方祖燊 黃麗貞著

靈思的撿拾

黃麗貞

生活在這二十世紀末的人，沒有幾個是不忙碌的；這忙碌也不見得完全爲了工作，在講究生活品質的今天，安排工餘的休閒生活，追求形體與精神舒適的新花樣，也儘夠人忙的。

我素性厭煩應酬，不喜歡喧鬧場所，雖然酷愛自然花草，而陽明山花季的擁擠人潮，在我湊過一回熱鬧就視爲畏途，寧可在花季前後去觀賞，反能眞正欣賞到處處綠滿枝頭，花姿綽約；有一回，在寒流來襲的初春造訪陽明公園，在粉雨寒風中，早放的櫻、桃和梅花，點綴在蒼穹的高枝上，躑躅在清幽靜謐的小徑中，至今仍難忘那無可言喻的舒暢。

平常的日子，除非必要出門，我最喜歡待在家裏；不是因爲在家可以隨意躺臥休息，而是「家」的那分自由舒坦，讓我能集中精神讀書，潛心細加品會，從而刺激起心靈思想的活動，考慮事情，冥會物理，感受到生活恬恬的韻趣。

事實上，一份教職一個家，我的生活是難得休閒的，而在終年忙累之中，上帝賜予我兩種美好生活的恩慈：一是教我選擇了我最興趣的職業，讓我必須旦夕遨遊在文學的天地中，在披翻卷頁之際，領受到前賢生活的繽紛，生命的絢爛，並誘發我的靈思，啓迪我的心智。一是給我一個志趣相投的同行伴侶，可以研商疑惑，互相勗勉，彼此督促。

偶而，我們也會因爲每天的日子太平淡，覺得人生太平凡，似乎生命都只在吃、睡、工作中過，不免會產生一陣職業的倦怠，心情莫明地懶散起來。但是，這是個緊張的時代，是由不得人去倦怠、懶散的；漸漸地，我們也能在這平淡的生活中，體會到平凡人生的樂趣。其實，前人作品上所寫的繽紛生活，絢麗人生，也是從平淡與平凡中造將出來的！試問那一個活著的人，不是都得在吃、睡、工作中過日子？那一篇篇動人的作品，不過是他們撿拾到生活中的片片靈思而已。

幸而，上天又賜給我們一個多情而善感的心。結婚不久，我就聽慣了他的那一句：「我什麼時候要寫一篇關於××的東西！」因爲他每天的所見所聞，都會觸發思維，有其批評的意見。這話聽得多了，我也就有了一句必然的回答：「你說『什麼時候』的意思，就意味著這件事情根本不會做出來的！」他被我逗笑多了，也就盡可能寫出「一些」來；但因爲教職的工作，和日常瑣事多，佔去了大部份時間，事實上也不容許他把所想到的意念，一一都寫下來。

我對文學，從小學時就培養起濃厚的興趣，而且由小學到高中，先後受到好幾位老師的鼓勵誘導，所以到投考大學時，毫不猶豫地以一個理組的畢業生，轉向中國文學的天地來探索，三年高中熬夜解答數理習題的辛苦成果，甘心情願白白地放棄了，深信鑽研文學，會給我更多莫名的欣悅。大學畢業後，在教職與家務的雙重重擔下，我常常苦於興會多而時間少，許多刹那的感懷，忽然閃現的靈感，都因教職優先的原則，和瑣雜事情有時效性的限制，而任思緒隨風逝去。所幸在教學課業日漸純熟，孩子日漸長成中，安排生活時間也有了更多的經驗，我便竭盡所能，撿拾起生活中的點滴靈思，記下生命的小小印痕，也稍償平生愛好文學的志趣，與不讓祖燊專美的私念，而達成當初與他攜手同行的本意。

受到現實生活的限囿，我們都不敢奢望在寫作上，能經常有作品刊出而爲讀者們所熟知，只是想記下平淡生活中自以爲繽紛的情思而已。

民國六十八年，祖燊出版了他的第一部散文集「春雨中的鳥聲」；這次，合選我倆各一部份的散文，編爲一集，是由於臺北市「文豪出版社」詹先生的雅意，讓一對同道同行的夫婦，一起留下一些情思的紀錄，並以祖燊的一篇作品「說夢」爲書名。

《花意葉情深款款》目錄

黃麗貞

《幸福的女人》簡介

一九八六年（民國七十五年）一月臺北文豪出版社（臺北市羅斯福路二段五號之二）出版，三十二開本，二百零三頁。方祖燊、黃麗貞伉儷的短篇小說的合集。收黃八篇，方三篇，以黃麗貞爲主。她說「愛情要以圓滿的婚姻爲歸宿，才會使人生更美好。」「愛情和婚姻牽連奇廣，糾纏而複雜」，所以有許多愛情的問題。她的八篇小說都是探討愛情的問題。《幸福的女人》是以第一篇的篇名做集子名。其次〈二十九歲的煩惱〉寫女性到二十九歲尚未結婚的尷尬與煩惱。〈長夜〉寫老夫少妻問題。〈無月的中秋〉寫一個五十歲的男人搞婚外情，妻子意外死亡，跟這年輕情人結合後生活的不諧調，而憶念亡妻。〈歸〉寫一個孩子長成回國，對母親拋夫棄子的情思。〈願得君心似我心〉寫一個深愛丈夫的女人因失業在家，丈夫移情，呑服過量安眠藥，幸而救回。〈秋夢無痕〉寫變心的愛情不值得懷念。〈並頭梔子花〉寫老年喪夫終於自殺殉情。她這些小說都是以身邊的眞事爲題材。方只有〈蕭爽樓〉一篇描寫愛情的悲劇。

幸福的女人
方祖燊著
印行

圓滿的人生

黃麗貞

也記不清楚那時候是什麼年紀了，自從認得一些字之後，我就是一個書迷。

那年頭，女孩子普遍入學，還在小學階段。家有女兒的，給她讀完小學，在家待上三五年，跟著母親學些持家事理，二十歲之前，大概便都嫁了人了。除非家境十分富裕，女孩子讀到高中的，眞是少之又少。做父親的，大都認爲：「丫頭將來總是別人家的，花錢栽培，便宜了別家人。」做母親的，一般都是仰著丈夫的鼻息做人，在家燒飯、洗衣、帶孩子，看看自己，就是女兒將來的榜樣，也就覺得女人犯不著去受讀書寫字的「辛苦」。家境清寒的，女孩子便當然不入學了。

我那時候，年紀畢竟還小，別說說理談玄的書看不懂，人生修養、治國平天下的道理，更是莫知所云；我所愛看的，除了兒童故事書之外，最愛看愛情小說。當然，那時候，還流行什麼鴛鴦蝴蝶派的小說，我是一點兒也不會知道的，甚至一本書的作者是誰，也不會去關心記住，只是愛看那些故事的情節，什麼「愛情三部曲」之類的小說，眞是迷得不得了，害我常常因延誤幫忙家事，而挨媽媽的罵。

還記得那時候的愛情小說，主題大多在鼓吹青年男女要爭取婚姻的自主權，要先自己物色對象戀愛，然後結婚，還鼓勵年輕人用逃家、私奔來反抗父母之命、媒妁之言的盲目配合。受了這些小說作品所影響，便也認爲「生命誠可貴，愛情價更高」，確是顛撲不破的眞理。

一直到我上了大學，女孩子中仍然流行著結婚是「找一張長期飯票」這句話，它代表婦女依賴丈夫生活的念頭還相當普遍。那時候，女人不論是嫁了綿「羊」還是老「虎」，很少聽到離婚事件，要是親友中有誰離婚了，準會成爲大家茶餘飯後的談資。

我結婚的時候，自由戀愛然後結婚，已經蔚成時潮，大學校園裏的羅曼蒂克氣氛，尤其令人嚮往。爲爭取婚姻自主而私奔、逃家的小說，漸漸也不再見到了。而社會各種情況的改變，似乎和我的孩子的成長，邁著相同的步伐。

然而，近十年來，離婚率的日愈上升，漸漸令有心人士憂心忡忡，婚姻講座的演講海報，也經常見到。似乎，自己所物色到的對象，並不比父母之命、媒妁之言的婚姻更可靠。

由於職業所關，不時有受感情困惑的年輕人，來問我對愛情婚姻的看法。女孩子們常問：

「老師，人生中愛情最重要嗎？」

「老師，愛情眞的是女人的全部生命嗎？」

凝視著她們夢幻般的眼神，我眞的不忍心用那樣現實的話回答她們：

「愛情要以圓滿的婚姻爲歸宿，才會使人生更美好。」

古今中外，時代儘管不停地在變，但男女結合組成家庭，是社會結構的基礎，是千古不變的原理。而婚姻問題，絕不止是兩個人是否相愛那樣簡單；雖然夫妻必須相愛，婚姻才會和諧，但影響相愛的心情的事，卻是牽連奇廣，糾纏而複雜，有時甚至超越了教條原則之外的。

目前我國社會，女性一般都接受了相當的教育，在職業上也有很多逞露才華的機會，但大多數女性仍然嚮往愛情，因而重視婚姻家庭，甚於事業。這種情況，可以從女孩子多問愛情問題，和言情小說比較暢銷的事實，得到證明。但圓滿的婚姻，除了兩個人婚前的相愛，還須配合各種因素；簡單的說，婚姻是有條件的，要條件相配，才能締造幸福的婚姻。

幾十年來，我對於婚姻的認識，由小時候看小說啓蒙，到懂事以後，對實際個案的觀察，累積起所見所聞，也有個人的感想和意見。由於有關婚姻問題的複雜，我也就藉著小說的故事情節，分別寄寓我對於某種情況的看法，亦效莊子以寓言見意之意而已。

今臺北文豪出版社把我課餘所寫的這些小說八篇，和外子祖燊的三篇作品，合刊爲我夫婦的第一本小說集，並以其中一篇的篇名〈幸福的女人〉爲書名，亦藉以表明我寫作這些小說的本意。

《幸福的女人》目錄

黃麗貞

《談詩錄》簡介

一九八九年（民國七十八年）六月臺北東大圖書股份有限公司（臺北市重慶南路一段六十一號二樓）出版。二十五開本，二百一十五頁。收方祖燊論詩的論文八篇。其中有關「古詩十九首時代問題」和「李陵、蘇武詩」都曾作詳審的考證辨釋，有他確當的新說法，糾正中國文學史錯誤的舊說。對謝康樂詩、謝玄暉詩的論介，也有卓犖中肯的看法。「中國詩的寫作技巧與風格」對詩人的寫作技巧與作品風格的形成，剖析得非常清楚切當。

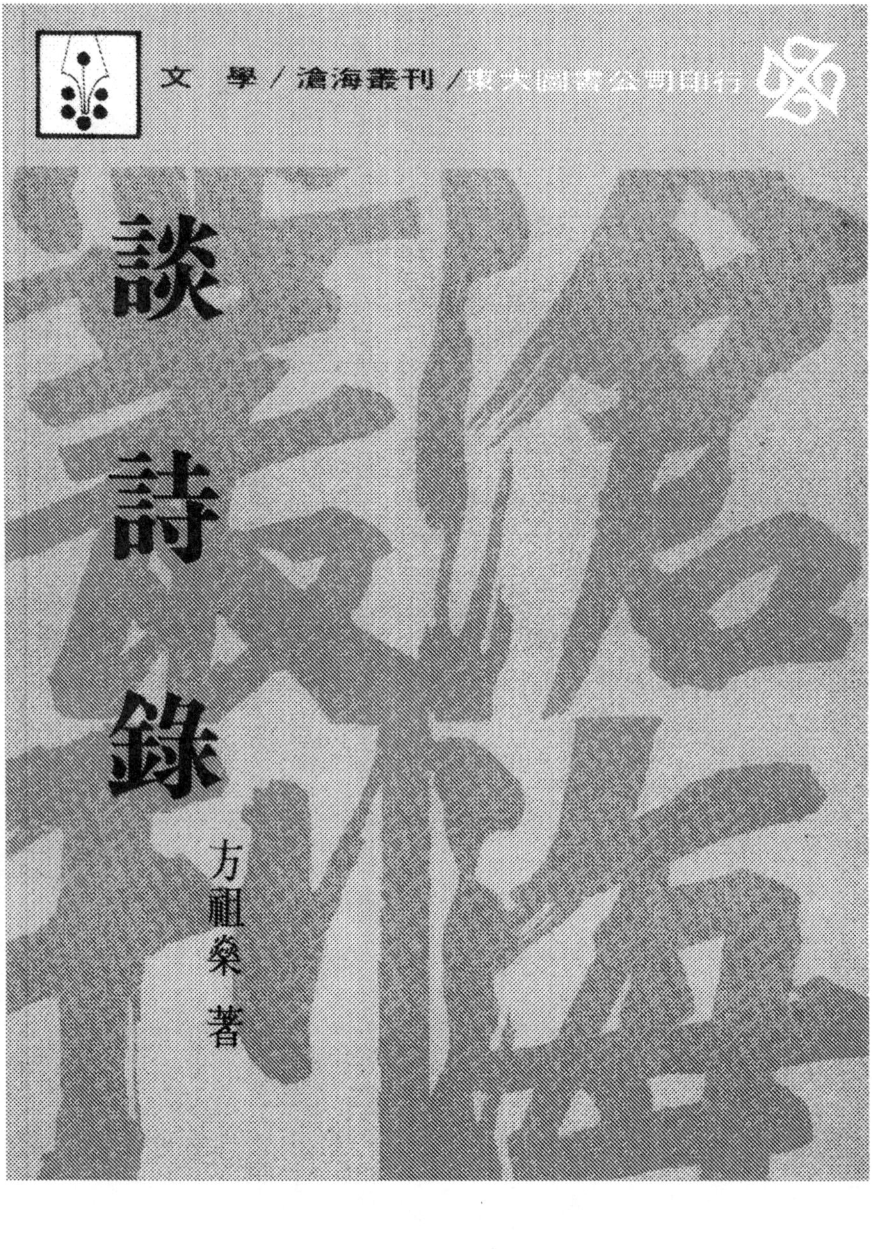
文學／滄海叢刊／東大圖書公司印行
談詩錄
方祖燊 著

自序

方祖燊

我和三民書局董事長劉振強先生認識很久了。遠在民國五十二年間，謝冰瑩教授替三民書局譯註《四書讀本》曾經邀我參加；我因爲當時《古今文選》的編務忙碌，無法加入。後來，劉先生又要改編《古文觀止》，又邀請梁子美老師主持策劃，我們仍因工作過忙，未曾接受這個工作。到民國六十年，劉先生要編纂一部四百多萬字的辭典，由邱燮友兄的促成，我和內子黃麗貞都接受這個編纂工作。後來，劉先生將這部辭典，擴大成爲三巨冊、六千多頁、一千六百五十萬字，另有附錄十六種的《大辭典》，歷時十四年，始告完成的煌煌巨著，可說是臺灣出版業的一大創舉，使我不能不欽佩他氣魄之恢宏，貢獻之深遠。而前後參與編纂的專家學者，有一百多人；中以邱燮友兄所費心力，最爲深鉅，十四年如一日。

我個人除初期參與編務，約撰四十萬言之外；其後，就忙於個人著述創作，撰寫各種文章論著。十幾二十年來，在論著方面所作也不少，涉及語言、文學、藝術、歷史各種範圍，約數十篇；這類較專門論著，銷路不廣；去年本想彙編一集，自費印行。燮友兄說：「三民書局劉先生，也有出版這類推廣文化學術的理想計畫。」要我從論著中，挑選一部分，交由三民書局出版。我非常感謝他們二人的盛意，這樣可以免除自己出書的麻煩。我就以平日所作論詩的文字，挑選了八篇，編成一集。計有：

〈漢初的詩歌〉，論述由漢高祖至武帝初年，約莫六十六年間，漢詩發展的情況。

〈古詩十九首的分析與欣賞〉，專由詩的本身，來解說詩，分析詩，欣賞詩，徹底理解、玩索漢代古詩十九首的佳妙情思意趣。

〈古詩十九首的時代問題〉，專由考證辨釋，來探究十九首的時代背景。

〈李陵、蘇武詩的探究〉，李陵、蘇武是西漢中葉五言詩的名家；但前人有認爲二人作品爲後人僞託擬作。這篇即就這個問題加以探究辨正，並賞析其作品。

〈陶淵明的生活及其作品〉，陶淵明是東晉時最偉大的田園詩人；本篇介紹他的生活與作品。

〈謝康樂評傳〉，謝靈運是宋元嘉詩壇的領袖，也是我國最有名的山水詩人。這篇論述謝靈運的家世事蹟與作品價值。

〈山水詩人謝玄暉〉，謝朓是齊梁時代的著名詩人，他的五言短詩對唐朝的絕句影響極大。這裏從他的作品精工、清麗、秀逸、和諧各方面，加以論介。

〈中國詩的寫作技巧與風格〉，這篇就我國古往今來的詩人中，挑出最具代表性的：曹植、陶淵明、李白、杜甫、王維、李商隱、蘇軾、徐志摩八位，並選出一些作品作樣本，來討論他們各自的特殊寫作技巧，形成他們作品的不同風格。

戰國時代齊國人鄒衍，喜歡和人談論天事，人稱之「談天衍」；「談天」一詞，當由此而來。今人錢鍾書的著作，也有《談藝錄》的書名。我這論詩的文字，本來想稱做《論詩錄》，自覺太嚴肅了一點；稱它做《論詩方》，又怕人不懂，以爲故意標新立異；所以就取名做《談詩錄》罷，既自謙又平穩，又有何不可呢！

方祖燊　於民國七十八年臺北

《談詩錄》目次

《生活藝術》簡介

一九九〇年（民國七十九年）十月，臺北臺灣書店（臺北市中正區 10023 忠孝東路一段一七二號）出版。二十五開本，二百九十五頁。方祖燊先生是一位知名的學者，也是一位知名的散文家。早在一九七〇年（民國五十九年），繆天華教授主編《大衆日報》副刊，就邀請他寫專欄的文字。一九八一年（民國七十年），《青年戰士報》（後改爲《青年日報》）副刊的主編胡秀先生，也邀請他撰寫「寸短閒話」、「書劍集」、「筆鋒」等等專欄。後來王賢忠、徐瑜爲主編；他仍爲《青年日報》專欄作家，一直到一九八七年（民國七十六年）。這六、七年累積的篇什有二百幾十篇。報紙專欄的文字大都針對時事作評論的，有強烈的時間性；時效一過就沒有再讀的價值。這裡所選的八十三篇都是有永恆價值可以再讀的作品。大都是他在《青年戰士報》發表的專欄文字。他說：藝術就是完美的表現。我們對生活也要追求理想完美。他是以這樣的理念去寫專欄。他想憑藉他的文章，教大家怎樣去提升生活的境界！期望大家都能夠生活得理想、美滿、快樂與幸福。像〈書香趣濃〉、〈結婚的條件〉、〈生才有戲唱〉、〈嗜好癖好〉、〈演說技巧〉、〈平凡最快樂〉都是這一類的文章。

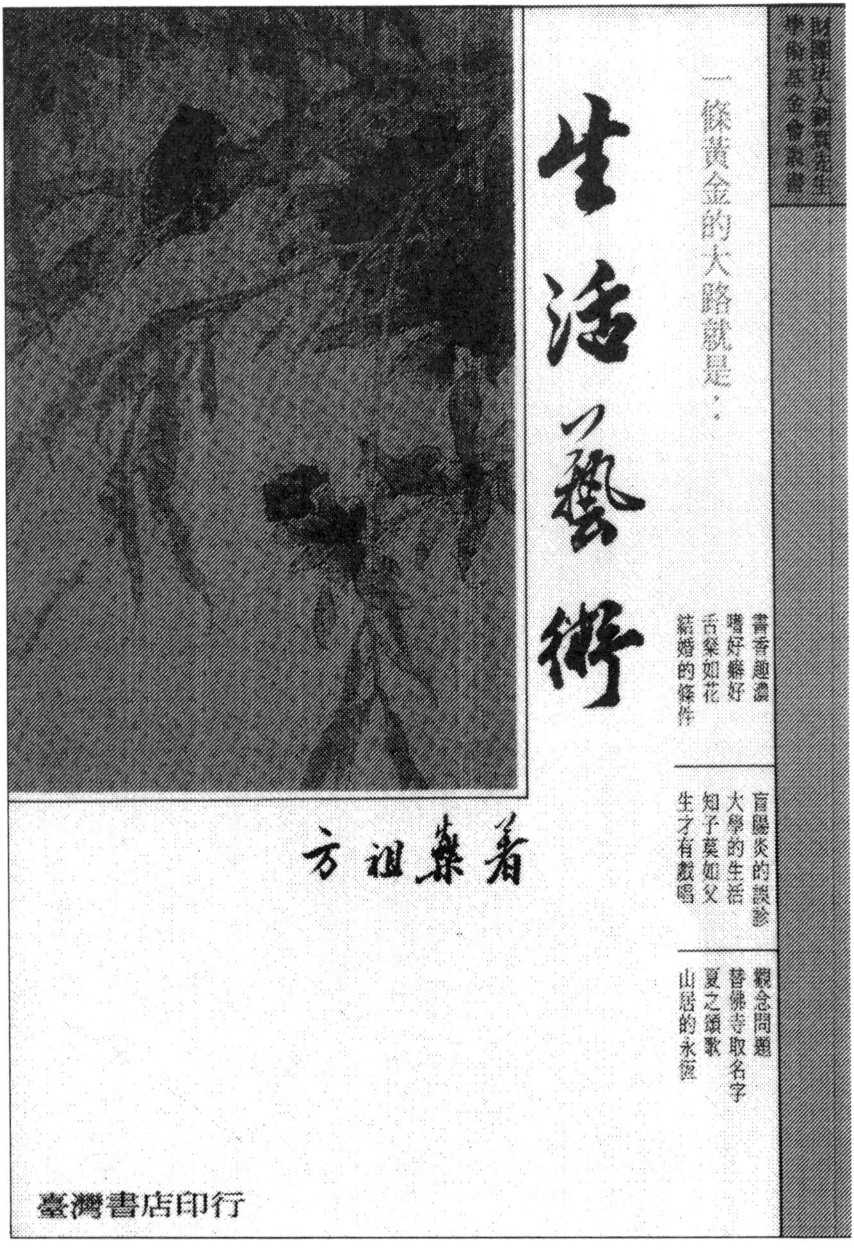
財團法人劉真先生學術基金會叢書
一條黃金的大路就是：
生活的藝術
書香趣濃
嗜好癖好
舌粲如花
結婚的條件
盲腸炎的誤診
大學的生活
知子莫如父
生才有戲唱
觀念問題
替佛寺取名字
夏之頌歌
山居的永夜
方祖燊著
臺灣書店印行

弁言

劉眞

余自慚平生對社會甚少貢獻，故賤辰從不言壽。國立臺灣師範大學校友會因余多年來致力文教工作，重視學術研究，公議於余七十之年，冠余名成立一學術基金會，以「舉辦學術講演」「出版學術著作」爲主旨，盛意殷拳，既感且愧。數年來除「學術演講」定期舉行外，復承文教界友好不棄，將其精心著作列爲基金會叢書，由臺灣書店陸續出版。當茲國人積極提倡建立書香社會之際，本叢書的編印或將有涓滴之裨助。謹於各書篇首，略綴數語，述其原委，並申謝忱。

劉眞　民國七十九年八月於臺北

自序

我們知道所謂「藝術」就是完美的表現。英國詩人丁尼生認爲能夠離開醜惡的現實，到達理想美滿的境界，這就是「藝術」；所以文學、音樂、舞蹈、戲劇、繪畫、雕刻、建築等等創作，能夠到達心目中的理想的境地，就是完美的藝術作品。書法、體操、插花、時裝、瓷器、工藝製品，能夠有非常美的表現與成就；這也是能夠教人心賞神怡的藝事。更進一步，人類對生活之求理想完美，也是一種藝術。

在我們生活中，自不免時時會遭遇到不如人意的事情，會看到醜陋煩心的事情，面對著這些現實問題，如何尋求妥善的解決辦法？在日常的生活中，又如何提升生活的境界，以求止於至善？幾年以來，我對生活上的許多問題，我對這個世界所發生的許多事情，都深深思索過，希望能夠完美，沒有什麼缺陷。我認爲做一個現代人，更應該注意如何安排處理自己的生活，如何在知識爆炸的時代，讀書來充實心靈。在單調的日子裏，怎樣尋求適當的愛好。在忙碌中求安閒。喝茶插花，都有道理在。說話演講，也講究技巧。繪畫看戲，爬山旅遊，要注意什麼。如何讀大學，如何找結婚對象，如何跟鄰居相處，如何涵養道德，如何花錢，如何疏導欲望，如何料理財富，如何排遣寂寞，如何參加選舉，如何教育子女，如何選擇職業，如何堅定信心建立理想，……。這本書中八十多篇的文章，都是我深思冥想之後情思的結晶，我只是很忠實地將我生活的經驗與理想寫了下來。

過去作家也有專寫這種追求生活完美的作品，像李漁的《閒情偶寄》，沈復的《浮生六記》，袁枚的《隨園隨筆》，林語堂的《生活的藝術》，給人許多啓示。近代美國作家梭羅的《湖濱散記》，也是寫他所追求的理想生活的情形，給人很大的影響。我希望這本小書，也能給大家帶來快樂與幸福。

這本書裏的文章大部分發表於青年日報，少部分發表於其他報紙雜誌。當日青年日報的主編呼嘯兄邀我撰寫「寸短閒話」、「書劍集」、「筆鋒」等專欄，累積不少篇什。這本書的出版係蒙劉白如校長的厚愛，陳壽觥兄的推介與臺灣書店吳正牧經理，能夠很快應世，實在感謝。封面的插圖，是我國已故的名畫家陳之佛先生的傑作。陳先生，號雪翁，浙江慈溪縣人，曾任國立藝專校長，最擅長工筆花鳥，畫境自然眞實而精美。書名是師大國文研究所教授李鍌兄所題。

方祖燊　中華民國七十九年八月於花園新城

《生活藝術》目 錄

《現代中國語文》簡介

一九九一年（民國八十年），香港現代教育研究社有限公司（九龍青山道489-491號香港工業中心B座6樓）出版。香港小學一年級至六年級上下學期語文課本，共十二冊，約一千二百五十頁，圖文封面，均極精美。內容包括：「課文、插圖、教學重點、應用練習、活動」等部分。課文由著名學者、作家方祖燊、阿濃、蔡玉明、關夕芝等四人編寫。方祖燊，臺灣作家。阿濃，香港作家。蔡玉明和關夕芝，大陸作家。其他部分由現代教育研究社編輯委員會編寫。

現代中國語文
教師用書
6上
現代教育研究社

編輯要旨

本書遵照「香港課程發展議會」最新頒佈的〈小學中國語文科課程綱要〉和〈小學中國語文科課本編纂指引〉的規定編寫。全書共十二冊，依次分別供小學六學年各學期教學之用。本書編輯要旨如下：

一、本書以全面貫徹「課程綱要」所規定的各項教學目標爲編纂的主要原則，致力於培養學生聽、說、讀、寫、思維及自學能力，並使學生從語文學習活動中充實生活經驗、擴大知識面、培養良好的道德觀念、加深對中國文化的了解；

二、本書課文均嚴格按照現代語體文的規範進行編寫，儘可能提供更多的常用詞彙和各種句型範例，循序漸進地指導學生進行有效的練習，以提高學生語文表達能力；

三、本書課文根據各級學生的實際生活和年齡特徵編寫，努力做到富有現代生活氣息，文句優美流暢，題材多樣化，內容豐富多彩、生動活潑，以提高學生的學習興趣；

四、本書每篇課文之後均附有一些資料和適當的練習，以資通過應用，提高學習效果，練習類型多種多樣，形式新穎、有趣，富有啓發性。

此外，本書各冊另編有「習作簿」一本，供學生課後複習，藉以消化教材，鞏固學習心得。課本及「習作簿」又均編有「教師用書」各一套，爲教師提供有關教學參考資料，所有練習題均編有參考答案，用紅字印在答案欄內，供教師備課及批改習作時參考。

本書課文由著名學者、作家方祖燊、阿濃、蔡玉明、關夕芝等編寫。

我如何編寫香港小學語文課本的範文

方祖燊

一、緣起

一九八八年九月，香港現代教育研究社派李總編輯到臺北來，邀請我編寫香港小學《現代中國語文》四年級至六年級課本的範文。後來，我才知道現代教育研究社出版的中國語文課本，從一年級到六年級一共十二冊，編寫範文的作者，除了我之外，還有大陸兒童文學作家關夕芝女士（中國作家協會廣東分會理事、廣東作家協會兒童文學委員會副主任）、蔡玉明先生（廣東《少男少女》雜誌副主編），香港兒童文學作家朱溥生先生（阿濃，香港兒童文藝協會會長）。

我曾經寫過各種各樣的文字，約五百萬字，心想小學生讀的文章，每篇不過三四百字到五六百字，應該是輕而易舉的，欣然接受這個工作。在十一月間簽訂了合約。

《現代中國語文》這套課本已在一九九一年出版，特別開本（長23cm寬17cm），內文爲八十磅印書紙，每課配有彩色插圖，印刷十分精美。該社編輯部在課文後面還附有「教學重點、生字、詞語、句式（或文章作法）、討論、應用練習、活動」等項，另編有「教師用書」、「學生習作簿」等。出版之後爲香港許多小學所採用。該社現任總編輯爲馬桂綿博士、主任編輯爲張繼春先生。

二、編寫小學語文課本範文的困難

因爲編寫的時間相當急迫，一簽合約就開始工作，我細讀教育研究社所提供資料：課程綱要、生字限制、文體比例、教學重點、句式修辭等等要求，這才感受到撰寫這類範文是相當吃力的。現在將這種寫作的經驗，略抒如下：

㈠香港小學語文課本各年級的文體，有記敘文（包括傳記、軼事、故事、童話、寓言、遊記、小說、科學淺談、生活記事、社會活動、文化歷史等等）、說明文、議論文、實用文（書信、便條、日記和週記）、詩歌（兒歌、詩歌）、戲劇（短劇）、描寫文（描寫人物及環境）及其他。這些文體的分配，各年級有不同的百分比。由於文體衆多，範圍複雜，編寫起來並不容易。作者除了具有豐富知識，會寫各體散文外，還得會寫兒歌、話劇和應用文。

小學生可塑性高，範文除了文字要自然、淺現、活潑、生動、有趣之外，希望他們讀了之後，能夠提升他們作文的能力。內容的設計也煞費苦心，希望能夠從各方面誘發小學生學習的興趣，建立正確的人生觀念，收到潛移默化的教育的效果。所以我們所編寫《現代中國語文》從四上到六下六冊共一百四十課範文，在取材方面作特別的安排。下文中標有「＊」符號的，是表示「＊」以上的課文是我所撰寫的，「＊」以下的課文是香港作者所撰寫的。

1.世界各類卓然有成的人物，在我們所編的六冊課文中有十六課。我們希望這些人物的成就，能夠在學生幼小的心靈中立下典範，激勵他們向上的心志。有：醫藥學家李時珍、愛迪生上下、電話的發明（英國亞歷山大・格格拉漢・貝耳）、貝多芬和他的月光曲、司馬遷、鄭和下西洋、王維的詩和畫、抗生素的產生（英國病菌學家亞歷山大・福來明）、＊球王比利、張良拜師、總統與平民（美國林肯）、永恒的微笑（意大利達・文西的畫）、哥倫布豎雞蛋、諾貝爾和諾貝爾獎金、和黑猩猩交朋友（英國珍妮・古多而）。

2.現在是知識爆炸的時代，我們希望能夠給小學生一些舊文化、新科技的常識；這些可以歸入「科學淺談」或「自然故事」之類的範圍。有十五課：象形字和形聲字、中國的造紙與印刷術、森林之王——老虎、小蟲的本領、仙人掌、在太空館裏漫遊太空、新火山的產生、靈魂之窗、＊神奇玻璃、人類的老師、海底世界、參觀蝴蝶標本展覽、人類第一次登上月球、二十年後的我、電腦。

3.小學時期最喜歡讀的是一些趣味性的故事、寓言、童話、推理小說，或含有教育意味，或可以培養愛心，或能夠訓練思考能力。在這方面，我們編寫有十七課：擡驢進城上下、我和他誰漂亮、一巴掌打破了百萬家財、左手還是右手、＊寓言四則、賣火柴的小女孩上下、小山迪、寒號鳥、五色鹿上下、我沒有釣到那條魚、公正的判決、第六隻戒指、赤壁之戰。

4.教導小學生如何料理生活，努力學業，待人接物，結交朋友、參加活動，應付突發事件各種問題，我們在這方面編寫有二十課：我最得意的一件事上下、矮腳虎、＊最成功的演出、從今天做起、運動會、書法小姐、警訊少年、李子核、試卷上的錯誤、未來科學家、參觀廉政公署、獨自在家裏、可愛的大熊貓、露營、義工姐姐、爸爸媽媽和好了、何老師、我和爸爸、一次辯論會。

5.詞藻優美的描寫文，有記遊，寫景，詠物，抒情，編有十八課：鄉居窗景、金魚的泳姿、西湖、阿里山的奇彩、月亮、臺灣橫貫公路、＊匆匆（朱自清作）、樂山大佛、音樂之鄉、一尊石膏像、神祕的金字塔、羅馬訪古、夏天的雲、盆景、假使我的房間是、桂林山水、夾竹桃、賽龍奪錦。

6.議論的文字，有十課：普通話的重要、論公德、談立志、養小動物的情趣、＊滴水可以穿石、假如給我三天光明（海倫．凱勒作）、生活習慣與健康、談快樂、天才就是勤奮、談幻想。

7.實用文編有十八課，希望小學生能夠從中學習如何寫便條、書信、日記、週記、讀書報告，還有編寫壁報。有：給同學——談如何克服恐懼的心理（書信）、怎樣寫便條之一、之二、討論作文的兩封信、＊拔牙、觀察日記、日記一則、一部電影的啓示（日記）、週記、邀約參加公益金百萬行、給姨媽的信、給同學的信、給表姐——介紹家政興趣小組的活動、給表姐——談香港新建設(書信）、我的好榜樣、我們不做寒號鳥、友誼的腐蝕劑（閱讀報告）、自己動手編壁報。

8.詩歌編有十二課，篇目如下：小河在唱歌、上山（胡適作）、＊風鈴、葉脈書簽、你別問這是爲什麼、蘋果落地以後、暴風雨、小詩兩首、在字典公公家裏的爭吵、大地的話、彩色的歌、告別。

9.戲劇，是爲著提升學生說話能力而寫的，編有六課：荒廢、＊玩具店的夜晚上下、公園裏、飛吧，友誼號上下。

10.選詩選文，都是前人的作品，我們僅加一些注釋，共有八課：登鸛雀樓、憫農、遠山、下江陵、清明、絕句、西湖、過故人莊、折箭、鄭人買履、疑鄰竊斧、狐假虎威。

從上面的範文的分類、篇目與簡介，可知香港《現代中國語文》課文的安排，是盡量根據現代小學生的生活與知識的需要來編寫的，務期能夠達到培養學生聽、說、讀、寫、思維及自學能力，使學生能夠從語文的學習中，充實生活經驗，擴大知識層面，培養良好的道德觀念，加深對中國文化的了解等等功能，所以內容求其豐富而多樣，文字求其優美而活潑，來提高學生的學習興趣。

(二)用字受到嚴格限制：編寫小學語文課本的範文，最感到困難的是生字的嚴格限制；這種限制是撰寫其他文章所沒有的現象，寫來拘手束腳。根據一九七五年香港教育署公佈的「小學中國語文科課程綱要」，規定小學各年級應學字數，一年級460字，二年級500字，三年級530字，四年級590字，五年級260字，六年級260字，一共2600字。並且公佈了每一年級應該採用的「字表」。四年級上下兩冊四十八課，平均每課生字是十二字或十三字。五年級兩冊四十四課，平均每課生字六字。六年級兩冊四十八課，平均每課生字五字或六字。編寫一課範文時候只能夠採用前頭用過的字，還得把這一課的幾個生字寫進課文裏，這已經不容易，若再加上課文複雜的內容，眞是難上加難。寫好了，還要對著字表，看看有沒有用了「字表」以外的字？有，還得刪掉、改過。每一課範文，從初稿到定稿，總要經過好幾次改動。

㈢要講究篇章的組織、標點符號的用法、句式與修辭格的應用等問題：現代教育研究社還寄給我一些有關教學項目和內容的資料，希望我在編寫範文時候要特別注意到段落安排，篇章結構，每種標點符號的用法，還有複句的關係（像並列、遞進、假設、因果……），修辭技巧的應用（像譬喻、比擬、摹狀、借代、排比、對偶……），還有實用文的格式與寫法，都要陸續安排寫進課文裏去，以提供老師教學時應用，以提升學生寫作的能力，以達到「讀文教學」的目的。因此，我在編寫課文的時候，還要注意這些教學重點的問題，除了注意文章的形式與組織之外，對標點符號、句型、修辭格的應用，都作了特別的安排，隨著文章內容的需要，設法寫了進去，而且要盡量寫得自然流暢。這在我來說，也是從未經歷過的一種考驗。

三、如何編寫小學語文課本的範文

我認爲寫作需要材料，而材料的來源有三項：一從生活中來，我們只要把生活中觀察、感受、體驗得到的材料寫出來，就是。一從書本中來，我們要多讀書，儲蓄材料，蒐集材料，運用書本的材料寫成文章的也很多。一從想像中來，我們要運用自己豐富神妙的想像能力，靜心澄慮，潛思冥想出來的材料來寫文章的也不少。我編寫小學語文課本的範文，採擇題材也用了這三種方法。在下面文章舉例的分析裏，我會隨時說明。

(一)編寫小學語文課本範文的幾種方式

現在臺灣小學的「國語」課本和香港小學的「語文」課本，因爲受生字的限制，只能找專人按「課程綱要」來編寫。據我經驗，編寫的方式有下面四種：

1.選錄：香港教育署規定：各書局編的課本，六年級上下兩冊二十一課至二十四課要選注同樣的篇目和作品。例如：六上選的舊詩是唐王之渙的〈登鸛鵲樓〉、李紳的〈憫農〉、宋歐陽修的〈遠山〉、唐李白的〈下江陵〉等四首，文言文是《魏書・吐谷渾傳》中的〈折箭〉、《韓非子・外儲說左上》中的〈鄭人買履〉等兩篇。還有六下選錄的有舊詩四首、文言文兩篇、白話文朱自清的〈匆匆〉一篇。

2.改動：選用（或節選）前人的作品做範文，因生字關係而稍作改動的，有：胡適的〈上山〉（五上）、無名氏的〈小河在唱歌〉（五下）、海倫・凱勒的〈假使給我三天光明〉（六下）等三篇、這類的範文很不容易選，實在是因爲許多作家的作品，本來就不是爲著小學語文課本寫的，內容、長短和程度都不見得適合；再加生字的限制，就是選用了它，文字也要加以改動。現在作家大多不會同意。就拿我在五下選的〈小河在唱歌〉一篇爲例，來說明文字改動的情況：

「聽啊！小河在唱歌：波波，活活！活活，波波！鑽過一座橋，追上鵝伯伯。河畔小草拉拉手，垂柳彎腰點點頭。他們都在喊：『小河慢慢流！』不能歇，不能緩，要流的路還很長！轉個彎，再轉彎，找到大河哥，水多力量強。」(1)

「聽啊！小河在唱歌：波波，活活！活活，波波！越過小石堆，追上鴨婆婆。水中魚兒擺擺尾，青蛙含笑招招手。他們都在喊：『小河慢慢流！』不能歇，不能緩，快快流過這個灘！進水庫，儲滿水，開閘灌良田，種田不怕旱。」(2)

「活活」原作「嗬嗬」，生字沒有「嗬」字，所以改做「活」字。第二句「活活，波波」，原作「波波，嗬嗬」，爲跟前面的一句不一樣，讀來好聽，把它詞序改變。「追上鵝伯伯」一句，原作「流得打漩渦」，生字沒有「漩渦」兩字，又爲了跟下文「追上鴨婆婆」配搭，只好改做「追上鵝伯伯」。爲著要把「畔」、「歇」、「緩」、「閘」、「旱」五個生字用掉，就把原作「河邊」改做「河畔」；「不能慢，不能慢」改做「不能歇，不能緩」；「農夫好車水，種田不怕難」改做「開閘灌良田，種田不怕旱」。有一些文字的改動，是爲著配合現代人的生活觀念來改動的。從前農夫用水車車水，現在是建造水庫儲水灌溉；因此，「水多力量強」，原作「才有工夫玩」；「進水庫，儲滿水，開閘灌良田」，原作「流過去，河水漲，農夫好車水」：都因此更改。還有一些是爲求美，而改動原作，如「垂柳」原作「楊柳」；「小石堆」原作「石頭堆」；「水中魚兒擺擺尾」原作「鯽魚過來」等是。這裏押韻字的改變，如「渦」改做「伯」，「慢」改做「緩」，「難」改做「旱」，都仍然保持原韻。

還有一些文學作品本來就是爲兒童寫的，內容很適合，只是因爲篇幅長，生字多，只好把文字刪短，文字一刪短，上文不搭下文，只好大加改動；這種改動接近於改寫。像五下的二幕劇〈荒廢〉一課，是我的好友子敏的作品，事先徵求他同意，但因刪改的多，也就不好標出作者的大名。

3.改寫與創作：課本中一部分的範文，是界於改寫和創作中間的作品。就我所編寫的一些範文，像人物傳記、科學淺談、寓言故事，都需要蒐集資料來寫的。有的已經有很多人寫過，像〈愛迪生〉、〈貝多芬〉、〈抬驢進城〉、〈一巴掌打破了百萬家財〉之類，我只是根據傳記的材料或故事的大意來改寫。但若純從文字來看，許多改寫已經接近於創作。譬如由一個雞蛋推論到百萬家財，這整個推論的對話，完全依據我的想像所創造出來的。這類的改寫只是利用舊故事和舊材料，重新寫過。

4.創作：課本中教學生如何生活讀書、待人接物，還有描寫文、議論文、實用文、詩歌、戲劇之類的課文，大都是我們的創作。我所寫的，(1)根據我的生活見聞與體驗來寫的，像〈鄉居窗景〉、〈老虎〉、〈阿里山的奇彩〉、〈月亮〉、〈論公德〉、〈金魚的泳姿〉、〈談如何克服恐懼的心理〉、〈臺灣的橫貫公路〉、〈談立志〉等是。(2)根據書本的材料和知識寫的，像〈醫藥學家李時珍〉、〈象形字和形聲字〉、〈怎樣寫便條〉、〈司馬遷〉（據《史記・太史公自序》）、〈討論作文的信〉、〈西湖〉、〈電話的發明〉、〈鄭和下西洋〉（據梁啓超《鄭和》、《明史》的〈宦官一・鄭和傳〉和〈外國傳五、六、七〉寫成）、〈王維的詩和畫〉、〈中國的造紙與印刷術〉、〈靈魂之窗〉、〈抗生素的產生〉等是。(3)根據想像來寫的，像〈我最得意的一件事〉（寫一個女學生參加校際歌唱比賽的事）、〈左手還是右手〉（推理小說）等是。(4)根據生活和知識來寫的，像〈仙人掌〉、〈小蟲的本領〉等是。(5)根據生活和想像來寫的，像〈普通話的重要〉等是。(6)根據生活、知識和想像來寫的，像〈在太空館裏漫遊太空〉、〈新火山的產生〉（根據書本的材料與火山爆發的影片，再加上一些想像寫成的）等是。

(二)我如何應用句式修辭格寫作方法編寫範文

香港小學語文課本範文的編寫，不只是內容方面要求注意到現代教育的多元目標，連文字的編寫也希望能夠培養學生的聽、說、讀、寫、思維及自學的各種能力，收到教學的效果。因此就要求我們在編寫範文的時候，將一些常用的句式、修辭格、寫作技巧，集中安排進課文裏去，以便老師教學的時候給學生講解。

我個人所編寫的範文也有幾十篇，限於時間與篇幅，無法一一列舉。這裏，我只能把我怎樣應用句式、修辭格和寫作方法來編寫範文的情形，舉幾課作例子，加以說明：

1.鄭和下西洋（六上，人物傳記）

南洋華僑最多，這跟鄭和七次下西洋有很大關係。

明成祖當上皇帝後，懷疑建文帝流亡海外，便下了一道聖旨，派遣太監鄭和去追查，因此就有了鄭和冒險航海的種種故事。

鄭和第一次旅行是在公元一四〇五年。他率領二萬七千八百多名軍隊，六十二艘大船，沿著海岸南下、到了越南，他並沒有發現建文帝的蹤跡。鄭和想趁此宣威海外，令各國入貢，就直航南洋，並由東向西，越過印度洋，遠到印度半島的古里。經過兩年四個月才回京覆命，各國也派遣使者隨船入朝進貢。明成祖非常歡喜。

從一四〇五年到一四三三年間，鄭和共作了七次遠航，長的兩三年，短的幾個月。他南下中南半島、南洋群島、印度半島、阿拉伯半島，最遠到達了非洲東岸，前後到達三十多個國家。

鄭和遠航各國，目的是要和它們結交通商。譬如到古里，古里王即派頭目來洽談商約。中國賣的有絲、錦、瓷器、漆器，買的有香料、象牙、珍珠、寶石等。

鄭和經過的地方，有些像是神話世界。有的國王頭戴金花冠，腳穿象牙鞋；有的島民長相醜怪，臉畫花朵野獸，不穿衣服，住山洞，吃蛇過活；有的土人，用白布纏頭，香油塗身，素食信佛。

有一個國王養了許多獅子、老虎和大象。他很貪心，想用這些野獸攻擊鄭軍，擄掠船上財物。結果反而被鄭軍用巨炮擊敗生擒。這是鄭和最驚險的一次經歷。

自鄭和下西洋後，南洋與印度洋各國，紛紛派出商船來中國做生意；廣東人、福建人也紛紛移民中南半島和南洋群島了。

〈鄭和下西洋〉的教學重點

(1)全篇要旨與篇章結構

傳記的寫法首先是蒐集材料，然後根據材料來寫。鄭和的材料很多，甚至明朝人羅懋登還鋪衍寫成一部小說《三保太監下西洋》。這篇鄭和傳記只有六百多字，所以只能表現一個重點：鄭和七次下西洋這件事以及他的影響。

在篇章結構方面，首先指出「南洋華僑最多，和鄭和下西洋有關」。第二段寫鄭和航海的原因在追查建文帝的蹤跡。第三段用比較多的文字，描述鄭和第一次出航的情況，記他的遠航年代、軍隊人數、船隻、航線、時間與影響；使讀者有個概括的了解。第四段對七次航行總記一筆，使讀者知道他到過那些地區？多少個國家？第五段寫鄭和遠航各國的目的，在結交通商。第六段寫他所經過地方的風情習俗。第七段特寫有一個國王利用猛獸攻擊鄭和軍隊，結果大敗。最後一段寫自從鄭和下西洋後，南洋、印度洋各國商人紛紛前來我國做生意，閩、廣人民也紛紛移民南洋群島和中南半島，指出他的影響，結束了這篇文章，和第一段呼應：也使學生知道我國對外交通的一段歷史。

(2)句式與修辭——排比句

結構相似的排比句，最適合於鋪敘、描寫同類的內容，例如：

(a)「鄭和經過的地方，……有的國王頭戴金花冠，腳穿象牙鞋；有的島民長相醜怪，臉畫花朵野獸，不穿衣服，住山洞，吃蛇過活；有的土人，用白布纏頭，香油塗身，素食信佛。」

這段文字用「排比句」鋪寫各地的不同的風情習俗。一般排比句的形式比較整齊，這裏應用了錯綜的手法，讓詞面、句式都發生變化。裏面還攙雜用了一些對偶句，如「頭戴金花冠，腳穿象牙鞋」，「白布纏頭，香油塗身」。

2.我和他誰漂亮（四上，人物軼事）

有一個人身高七尺多，個子高大，相貌堂堂，自己覺得很漂亮。一天早晨，他穿好衣服，戴了帽子，看看鏡子，對他的妻子說：「我比起住在城北的徐先生，誰漂亮？」

他的妻子說：「你漂亮極了！徐先生怎麼能跟你比呢！」

徐先生是全國最漂亮的男人，所以那人聽了，自己也有點不相信，又去問他的僕人說：「我跟徐先生誰漂亮？」

僕人恭恭敬敬地說：「徐先生怎麼能比得上你呢！」

剛好有一位客人來拜訪他，他順便問道：「我和徐先生誰漂亮？」那位客人說：「徐先生不如你漂亮啊！」

第二天，徐先生來他家裏。他把徐先生細細看了一番，自己覺得不如徐先生漂亮；再照著鏡子，仔細地比了比，更覺得比不上他。

晚上睡覺前，他踱來踱去，想了半天，終於頓然大悟說：「我的妻子之所以說我漂亮，是因為她愛我；我的僕人之所以說我漂亮，是因為她怕我；我的朋友之所以說我漂亮，是因為他有事要我幫忙。要想聽到別人坦誠正確的意見，眞不容易啊！我寧可聽到誠實的不好聽的話，也不要聽到虛僞的好聽的話！」

〈我和他誰漂亮〉的教學重點

⑴全篇要旨與篇章結構

這篇是根據《戰國策・齊策》中鄒忌的軼事改寫的，整個故事分做前後兩半：前半寫他認為自己很漂亮，可以跟城北的徐先生比，問他的妻子、僕人、朋友的意見。大家都說徐先生不如他漂亮。後半寫徐先生來他家裏，當面一比，覺得自己不如徐先生漂亮，使他領悟到一個道理：許多人都只喜歡聽好聽的話，不喜歡聽不好聽的話；大家對人都只說虛假的好聽的話，不說誠實的不好聽的眞話：點出了這篇軼事的寓意。

這篇鄒忌的軼事，我儘量保存原作的面貌。但因「鄒」、「妾」二字，生字表裏沒有，「忌」字是六年級的生字，因此把「鄒忌」改寫成「有一個人」，「妾」改做「僕人」。當然「妾」不合現代人的觀念，也是改寫原因。結尾另加了一句寓意的說明。

(2)句式與修辭——錯綜、排比（因果）

這篇課文另一個教學目的，就是應用對話來加強學生的說話能力，所以大部分是用對話來寫。每一個人說話的措辭、語氣都不會一樣的，就是同一個人說同樣的話前後也會有些不同的。這篇鄒忌的軼事，前半寫他和妻子、僕人、朋友之間三次的問話答語，就是根據這種道理來寫的，所以問話與答語有一點詞面不同、長短參差的變化——也就是用「錯綜」的寫法來表現。

(a)「我比起住在城北的徐先生，誰漂亮？」——鄒忌問話

「你漂亮極了！徐先生怎麼能跟你比呢！」——妻子答語

(b)「我跟徐先生誰漂亮？」

「徐先生怎麼能比得上你呢！」——僕人答語

(c)「我和徐先生誰漂亮？」

「徐先生不如你漂亮啊！」——朋友答語

在後半寫他頓悟的話，實際上是「獨白」，描寫他心裏的想法：

「我的妻子之所以說我漂亮（果），是因爲她愛我（因）；我的僕人之所以說我漂亮（果），是因爲她怕我（因）；我的朋友之所以說我漂亮（果），是因爲他有事要我幫忙（因）。」

我連用了三句排比句，中間用分號「；」隔開，表示這些並列的句子，意思上有關連。同時，這三個句子都是用「因果法」來推理的，這裏是「由果推因」；若改寫成「我的妻子愛我，所以她說我漂亮。……」就變成「由因推果」的推論了。利用原因和結果的關係來推理，叫做「因果法」，是一種論理的方法。

3.象形字和形聲字（四下，介紹舊文化）

你知道這是甚麼嗎？

這不是圖畫，是古代漢族的文字、文字的出現，表明人類社會已經發展到一個相當高的階段了。

在沒有文字以前，人類靠甚麼來記事？據說，那時人們要記事，就在繩子上打個結；要記數，就在地上畫幾畫。

後來有人用畫畫來記事、看到有形體的事物，例如「牛」、「羊」就畫牛頭、羊頭，「龜」就畫一隻烏龜，「口」就畫一張嘴巴，在嘴裏添幾顆尖牙，就是「齒」字；畫出枝幹根兒，

就成「木」字，樹上給添些果子𣡗，就成了「果」字、後人把這些畫簡化了，用點（、）、線（一丨ノ㇏㇇乚）來表現，就產生「日」、「月」……之類的象形字了。

在漢字中，最多的是形聲字，大約佔百分之九十，它是形和音的結合。例如「爸」、「媽」，「巴」、「馬」是表音部分，記嬰兒叫爸媽的語音；「父」、「女」是表意部分，「父」表示父親，「女」表示母親屬於女性。又如，四肢的「肢」，「支」是表音部分，「月」就是「肉」，表示是身體的一部分。揭開的「揭」，揩抹的「揩」，拒絕的「拒」，擠壓的「擠」，援助的「援」也都是形聲字，由挑手旁，可以知道這些字都跟「手」有關，表示一種動作。

形聲字，我們一看它的形體，就可以知道它大概的意義。例如，「櫥」子、手「杖」、「桃」兒、「核」仁、「樹」、「榦」……，都含有「木」旁，自然跟樹木有關。吃、喝、哨、唱、咀、嚼……，都有「口」旁，自然跟用嘴動口有關。

漢字的構造固然複雜，但當你知道了它構成的原理，再去認字，就會覺得容易多了。

〈象形字和形聲字〉的教學重點

⑴全篇要旨與篇章結構

〈象形字和形聲字〉是一篇說明文，簡單說明我國文字的起源和象形、形聲兩大結構的道理，給學生一些基本的文字學的觀念，使學生將來在認字方面比較容易。這篇短文共分四個部分：

第一部分包括開頭的三小段，說明文字與人類的關係，在沒有文字以前是用結繩記事，畫畫記數。

第二部分就是第四段，舉例說明象形字和畫畫的關係，後人把畫簡化，用點和線來表現，就產生了象形字。

第三部分包括五、六兩段。第五段舉例說明形聲字的「形與音」結合的情況。第六段進一步舉例說明如何辨認形聲字。

第四部分說明懂得文字的構成原理，認字就容易多了，作爲文章的結束。

(2)句式與修辭——設問、引用

在論說文中，設問和引用是時常用到的修辭方法。

(a)我在這一篇課文中，首先用設問的「提問」，用自問方式提出問題，用自答方式解說事理。這種寫法可以提醒讀者注意問題，說法也可以深入讀者的心裏。例如：

「在沒有文字以前，人類靠甚麼來記事？據說，那時人們要記事，就在繩子上打個結；要記數，就在地上畫幾畫。」

(b)在論說文中，你的觀點和看法是否合理正確，必須提出證據和實例來證明；這樣，才能使人信服。我在「第四、第五、第六」三段中，大抵採用先演繹、後歸納的寫法：先提出我的觀點，然後列舉（引用）一些實例來證明觀點；最後根據這些實例，再歸納出新意見。例如：

「後來有人用畫畫來記事（觀點）、看到有形體的事物，例如『牛』、『羊』就畫牛頭、羊頭（例一）；『龜』就畫一隻烏龜（例二）；『口』就畫一張嘴巴，在嘴裏添幾顆尖牙

，就是『齒』字（例三）；畫出枝幹根兒就成『木』字，樹上給添些果子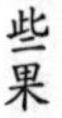，就成了『果』字（例四）。後人把這些畫簡化了，用點（、）、線（一丨ノ乀フㄥ）來表現，就產生『日』、『月』……之類的象形字了（結論）。」

4.小蟲的本領（五下，介紹昆蟲知識）

地球上，有多少種蟲類？大概有一百萬種吧。

一般說來，蟲的身體可以分做頭、胸、腹三部分。頭部有觸鬚（觸角）、眼睛（單眼、複眼）和口器；胸部有腳和翅膀（也有沒有翅膀的）；腹部有通氣管。蟲柔軟的身體是靠角質的外殼來保護的。牠們的感覺大都非常靈敏，有的能夠聽到人類聽不見的聲音；有的雄蟲能夠聞到很遠的雌蟲的體氣；蜻蜓的複眼是由兩萬五千個小眼組成的，世上的大小事物恐怕都很難瞞得過牠。

許多小蟲，微如塵埃，卻能夠生存繁殖，這是因爲牠們都有些本領。

蜻蜓、蝴蝶、蜜蜂、蟬、螢火蟲、蜘蛛，都是大家熟識的小蟲，牠們也都有高超的技能。

蜻蜓的翅膀比紙還薄，卻能帶動長長的身體，以每小時六十五公里的速度飛行。美麗的蝴蝶雖然十分脆弱，但有些卻能從北非飛到冰島。有些蟲，不會飛，但縱身一跳卻能達到身高的一百倍。

蜜蜂除了釀蜜，還會築巢。牠們造了許多六角形的蜂房，再連結成蜂窩，用來儲存蜂蜜，收藏花粉，保育幼蟲，又是兩萬到四萬隻蜜蜂的宿舍。這是多麼複雜的工程。

許多小蟲都是大自然的歌手和樂師。白天和月夜，雄蟲唱著求侶的情歌，彈著娶親的樂曲。雄蟬附在樹幹上高歌，聲音尤其響亮。

螢火蟲在黑夜的草叢中，打燈籠，點火炬，飛來飛去，閃閃發光，光度達到百分之二燭光。

蜘蛛是結網專家。牠由腹部放絲結網來縛捉獵物。

小蟲有這許多本領，難怪生物學家要去研究牠們了。

〈小蟲的本領〉的教學重點

(1)全篇要旨與篇章結構

〈小蟲的本領〉是一篇詠物小品，也是科學淺談之類的作品。它是根據從書本蒐集來的資料及日常觀察來的資料寫成的，目的給小學生有關昆蟲的一些常識，以引發他們對研究生物的興趣，也在培養他們怎樣撰寫這類的報告文字。

這篇文章分做四個部分、十個段落，有四個段落文字很短，不滿一行：

第一部分一段，連標點只有二十個字：「地球上，有多少種蟲類？大概有一百萬種吧。」作爲開頭，引起下面的文字。

第二部分一段，從學理的立場，描述昆蟲身體的構造與靈敏的感覺。

第三部分包括七段（從第三段到第九段）。三、四兩段等於這一部分的總起，先說：「小」蟲能夠生存繁殖，因爲都有本領；然後再把範圍縮小，到孩子所熟悉的蜻蜓、蝴蝶、蜜蜂、蟬、螢火蟲、蜘蛛六種小蟲也都有高超的技能。接著就分別簡介牠們的本領：蜻蜓、蝴蝶的飛行（見第五段），蜜蜂的釀蜜、築巢（第六段），雄蟬唱歌是爲了求偶（第七段），螢火蟲會發光（第八段），蜘蛛結網（第九段）。

第四部分第十段說：「小蟲有這許多本領，生物學家要去研究牠們」寫出這篇文章的寄寓之意，也作文章的結束。

這篇文章分段很細，每段文字都很短，就是希望學生能因此知道每一段都有一個重點；怎樣把握重點，安排段落，寫有條理的簡潔的文章？這是教這篇文章時候應該特別注意的地方。

(2)句式與修辭——擬人

「擬人」是「把物當做人來寫」，實際是把我們人的做法、知覺、感情、趣味移注於外物，使外物有了我們人的做法、知覺、感情、趣味的色彩的一種修辭方法。例如：

(a)「……蜂窩用來儲存蜂蜜，收藏花粉，保育幼蟲，又是兩萬到四萬隻蜜蜂的宿舍。這是多麼複雜的工程。」

這完全是用我們人類的看法來寫蜂窩的用處。自然用上了擬人的修辭，像「保育」、「宿舍」、「工程」都是我們人類生活中的常用詞。因此可知只要我們能夠在描述外物時候，把我們生活的用語，自然而恰當地用在「物」的身上，自然就形成擬人的用法。

(b)「許多小蟲都是大自然的歌手和樂師。白天和月夜，雄蟲唱著求侶的情歌，彈著娶親的樂曲。雄蟬附在樹榦上高歌，聲音尤其響亮。」

(c)「螢火蟲在黑夜的草叢中，打燈籠，點火炬。」

因爲有幾個生字：「侶、娶、炬」，要消化在課文裏；剛好雄蟲在發情求偶的時候鳴聲特別幽美響亮，螢火蟲在夜裏發光，因此我就用擬人的修辭方法，造了上面的文字：「雄蟲唱著求侶的情歌，彈著娶親的樂曲。」「螢火蟲在黑夜的草叢中，打燈籠，點火炬。」既解決了生字的問題，也寫出了昆蟲的生活形態。

5.在太空館裏漫遊太空（五上，介紹科技）

前天，我到香港太空館看全天域電影《太陽系漫遊》。

香港太空館是一九八〇年建成的，分東西兩翼。東翼是一座半球形的建築物，裏面有天象廳、展覽廳等；西翼有太陽科學廳、演講廳和天文書店。

天象廳是一個圓頂的大廳，有個半球形的銀幕，直徑二十三米，是世界上最大的天象廳銀幕之一。

我們半躺著坐在位子上觀看。放映的時間到了，廳內的燈光突然暗了下來，銀幕上出現了奇妙的景象：太空人駕著太空船，在藍色的太空中飛行，成千上萬顆星星，就在我的眼前和身邊閃閃發光，不停地飛過去。霎時間，我彷彿置身在這廣闊無邊的太空中了。

一會兒，到了月球。這個地球的衛星上，有許多坑洞，是一個荒涼不毛的地方，一片死寂。回頭看地球，它卻成了藍色的圓球了。

太陽比我們的地球大一百三十萬倍，看去像一團燃燒著的火球，火焰噴上去又落下來，光芒奪目。

黃色的金星被濃密炎熱的大氣層所包圍。水星是最靠近太陽的一顆行星。一會兒看到了紅色的火星，它和地球一樣，有四季的變化。木星是太陽系中最大的一顆行星，比地球大三百倍，有十六顆衛星，看上去，每一顆都像小小的鑽石。淡黃色的土星，周圍繞著十七顆衛星，還有一個美麗的輪狀光環。

我們在太空深處，被這些星光團團圍住。我細心地觀賞，覺得這一趟旅程，奇妙而有趣，也使我增加了許多知識。

〈在太空館裏漫遊太空〉的教學重點

⑴全篇要旨與篇章結構

〈在太空館裏漫遊太空〉是一篇敘事文，主要描寫參觀香港太空館，看全天域電影《太陽系漫遊》的這件事情。這篇文章分做兩部分：

第一部包括三段，第一段交代到太空館看全天域電影，第二段簡介太空館的建築結構，第三段描寫天象廳的內部情況。

第二部包括五段：第四段先寫全天域電影放映時候的情形，次寫太空人駕船飛行，彷彿自己也置身於太空之中；接著分段描寫看到月球（第五段）、太陽（第六段）、金星、水星、火星、木星、土星(第七段)各種奇妙的景象；最後第八段是全文的總結，寫觀看《漫遊太陽系》電影的感受和收穫，非常眞實而且增加了許多知識。

我們把實際上沒有親自經歷過看過聽過的事情，寫得好像親自經歷過看過聽過似的；這種寫得非常逼眞活現的寫法，就是「示現」修辭格。怎樣寫？才能做到？其實，示現就是「想像」。

(2)句式與修辭——示現和想像

這篇「漫遊太空記」就是完全靠我的想像來寫的，卻又寫得非常眞實。想像根據什麼來想像？我個人認爲可以根據現實，根據知識，根據經驗，根據假設來想像。這篇文章就是根據香港教育研究社寄來的香港太空館的資料、圖片，還有我讀過有關星球的一些知識，還有我看過臺灣臺中科學館其他全天域影片那種猶如親歷的感受，然後運用我的「想像」寫成了這一篇《太陽系漫遊》記。這純粹是靠知識寫成的一篇想像性的作品。因爲它每一句都有根據，連我自己現在讀來都以爲它是眞的、我曾經看過似的。現在舉它片段如下：

「我們半躺著坐在位子上觀看。放映的時間到了，廳内的燈光突然暗了下來，銀幕上出現了奇妙的景象：太空人駕著太空船，在藍色的太空中飛行，成千上萬顆星星，就在我的眼前和身邊閃閃發光，不停地飛過去。霎時間，我彷彿置身在這廣闊無邊的太空中了。」

接著我描寫看到月球「有許多坑洞，是一個荒涼不毛的地方，一片死寂」；太陽「看去像一團燃燒著的火球，火焰噴上去又落下來，光芒奪目」，……「淡黃色的土星，周圍繞著十七顆衛星，還有一個美麗的輪狀光環。我們在太空深處，被這些星光團團圍住」。——這種種的描寫，都是看著文字資料和彩色圖片懸想寫成的。

如何培養、提高學生的想像能力？這也是我們教學的時候應該注意的。

6.一巴掌打破了百萬家財（六上，故事）

從前有一個青年，天天都在想怎麼賺錢，怎麼發財。

有一天，隔壁張老頭送他一個雞蛋，他高興得輾轉反側，失眠了一夜，連夜擬好了一套發財的計劃，並且把他的妻子從夢中叫醒，說：「我的好老婆，快快起來聽我說，我要發財了。」

他的妻子說：「你的本錢在哪裏？」

這個青年說：「張老頭給我的這個雞蛋，就是我的本錢呀！」接著又說：「我們可以等張老頭的母雞孵小雞時，把這個蛋寄在他們那裏一起孵。孵出來後，就拿一隻小母雞回來。小母雞養大了，就可以生蛋。一個月生二十多個蛋，就可以孵出二十多隻小雞。一半小公雞，一半小母雞。這些小母雞長大了，又會生蛋，蛋又孵成雞。那時候，一天就可以生出幾十個蛋，孵出幾十隻雞。雞又生蛋，蛋又孵雞。一年後，我們就有好多好多雞了。這時候，我把一部分雞賣掉，買四五頭牛。牛又生牛，再過幾年，我們就有幾百頭牛，幾萬隻雞了。我就可以辦起一個小型的畜牧場。照這樣經營下去，不出十年，我就是一位小富翁了。那時候，我要蓋大房屋，僱許多工人來幫我們養雞養牛。我的錢多了，還可以娶一個小老婆，幫你料理家事。我們倆就可以舒舒服服地過日子了！」

他的妻子聽他說要娶小老婆，又妒忌又生氣地說：「還沒有發財，就打算娶小老婆！」她一巴掌就把那個雞蛋拍得粉碎，咒罵說：「去做你的發財大夢吧！」

〈一巴掌打破了百萬家財〉的教學重點

⑴全篇要旨與篇章結構

〈一巴掌打破了百萬家財〉是一篇諷刺性的故事，寫一個夢想發財、還沒做、就得意忘形的人物。這篇故事分做四段：

第一段寫有個青年天天想怎樣發財。

第二段寫張老頭給他一個雞蛋，促使他擬了一套發財計畫，並且和他妻子商量。

第三段寫他向妻子說明他整個發財的計畫，如何由一個雞蛋變成百萬家財，最後並且繪出美麗的遠景：有大房子、許多工人，還要娶個小老婆。

第四段寫他的妻子聽他說要娶小老婆，就一巴掌拍碎了雞蛋，百萬的發財夢也就跟著破滅了，故事也就結束了。

這篇是借故事來教導青年，要創造事業是需要精密計畫，但要想成功還需要按著計畫努力去做，從小做大，也許有成。要從一個小小的雞蛋變成一個畜牧場，最少要十年。這都需要長期的吃苦努力，這在在都提醒年輕人成功並不是沉迷於空想就能夠實現的。

⑵句式與修辭——頂真和層遞

這篇故事的重點是在第三段，由這篇故事的主角說明：如何由一個雞蛋變成一個畜牧場，他也成了一個百萬富翁，還要娶小老婆。這個奇想如何實現？原作「蛋孵雞，雞生蛋；蛋又孵雞，雞又生蛋」

頂真格和層遞格的簡單文字，給了我豐富的聯想力。如何應用頂眞格的詞疊意轉，層遞格從小到大的兩種寫法？再加上現代養雞學的知識，像耐克杭種的母雞，一年可以生產三百個蛋，一個月至少生二十多個蛋的數字，再加添人性弱點的描寫，虛構了這個青年推想式的計畫，自然鋪敘得比較熱鬧、合情合理。現舉其中片段的文字如下：

「把這個蛋寄在他們那裏一起孵。孵出來後，就拿一隻小母雞回來。小母雞養大了，就可以生蛋。一個月生二十多個蛋，就可以孵出二十多隻小雞。一半小公雞，一半小母雞。這些小母雞長大了，又會生蛋，蛋又孵成雞。那時候，一天就可以生出幾十個蛋，孵出幾十隻雞。雞又生蛋，蛋又孵雞。一年後，我們就有好多好多雞了。……」

這種頂眞和層遞的寫法，應該可以訓練學生的推理和聯想的能力。

7. 金魚的泳姿（五下，描寫文）

金魚是我國的特產，早在一千多年前，就被人養在大魚缸裏，現在則大多養在玻璃水箱中。金魚長期生活在這樣的環境裏，體態和習性都已經和野生的魚不一樣了。牠有圓滿的軀體，溫雅的性格，泳姿十分優美。

小孩子們特別喜歡金魚，常常把鼻子尖貼在玻璃箱上，看箱子裏的金魚悠悠地游來游去。金魚的品種很多，有紅鱗短尾巴的，有全身銀片的，有頭上戴頂紅帽子的，也有黑眼睛邊各掛一個小水泡的，還有長著一副洋娃娃臉的。

牠們被囚在水箱裏，好像並不覺得逼促，也不覺得有甚麼東西絆住牠；有人來，反而游近箱邊，等著人給牠食物。

金魚的尾巴大都又長又大，有兩葉、三葉和四葉的。當牠們在清澄空明配有燈光的水箱中，輕悠悠地游著時，泳姿是那樣的美妙！牠們上下浮沉，左右暢泳，銀鱗金片，在粉紅色的燈光下，閃閃發光，十分豔麗奪目。薄如蟬翼的尾巴完全張開來，好像一朵朵鮮花，在淡綠的水中盛開怒放，不斷變換著美麗的形象。啊，眞美呀！

有時，牠怡然不動，忽一擺尾，就悠然向前游了去，再一掉頭，又游了回來，來來往往，忽上忽下，多麼自由快樂。有時，牠們互相追逐，引起一陣騷動，攪得一箱子的魚都追了過去，擠做一團。眞是有趣極了！

啊！金魚的泳姿眞美呀！

〈金魚的泳姿〉的教學重點

(1)全篇要旨與篇章結構

〈金魚的泳姿〉是一篇詠物小品，描寫金魚的生活環境、品種形貌及游泳的姿態，使學生學習怎樣用優美的文字去描寫小動物。這篇描寫文共分六段：

第一段開頭，描述金魚生活環境特殊，所以體態和習性和其他魚不同，泳姿也因此十分優美。——鉤出了本文的主題。

第二段由小孩子喜歡看金魚，描寫各種金魚的形體美。

第三段描寫金魚生活在水箱中的感受與情況。——細觀體會之後寫成的。

第四段描寫金魚的尾巴又長又大，在空明的水箱中游動時姿態的豔麗美妙。——〈金魚的泳姿〉是這篇文章的題目，也是最重要的一段。

第五段再進一步描寫金魚游動的情況。

第六段讚歎金魚泳姿之美，用一句話作結束。

(2)句式與修辭——摹狀、排比、譬喻

寫景與詠物的寫作方法，有它們共通的地方，就是特別講究文字，應用美詞麗藻，將景物的色彩、聲音與形象，都能曲盡其妙，描寫形容了出來，呈現在讀者的面前。首先，我們要仔細快速觀察景物，把握其特點，然後用適當的詞，用摹狀等各種修辭技巧去描寫它。我研究作家運用詞藻、描寫景物的結構，不外兩種形式：

(a)摹狀詞→景物。

(b)景物←摹狀詞。

景物，就是在文章裏所要描寫的景物；摹狀詞，就是用來描寫這個景物特點的詞語文字。第1式是摹狀詞擺在景物的上面來形容它，第2式是摹狀詞擺在景物的下面倒反來形容它。現在舉例如下：

第一式：(a)「**圓滿的軀體，溫雅的性格。**」

(b)「在清澄空明配有燈光的水箱中，輕悠悠地游著時，」

(c)「銀鱗金片在粉紅色的燈光下，閃閃發光，十分豔麗奪目。」

這裏用各種修飾的詞語，來形容軀體、性格、水箱、游著、鱗片、燈光、發光、奪目等等情形，都是由上向下的。有的用複合詞如「圓滿的」、「溫雅的」，詞組如「在清澄空明配有燈光的」，鑲疊詞如「輕悠悠地」，色彩詞如「銀」、「金」、「粉紅色的」，重疊詞如「閃閃」，成語如「十分豔麗」。

第二式：(a)「泳姿十分優美。」

(b)「看箱子裏的金魚悠悠地游來游去。」

(c)「金魚的尾巴大都又長又大，有兩葉、三葉和四葉的。」

這裏都是下面倒反過來形容上面的景物，如用「十分優美」描寫「泳姿」，「悠悠地游來游去」描寫「金魚」，「大都又長又大，有兩葉、三葉和四葉的」描寫「金魚的尾巴」。

「排比句」也是寫景寫物非常好的一種方法。我在第二段裏就用了五個排比句，描寫金魚形體的美、顏色的美：

「金魚的品種很多，有紅鱗短尾巴的，有全身銀片的，有頭上戴頂紅帽子的，也有黑眼睛邊各掛一個小水泡的，還有長著一副洋娃娃臉的。」

「譬喻」可以將外物的現象，內心的感受，很生動地描寫出來。例如：

著美麗的形象。啊，眞美呀！」

「（金魚）薄如蟬翼的尾巴完全張開來，好像一朵朵鮮花，在淡綠的水中盛開怒放，不斷變換

8.臺灣橫貫公路（六上，描寫文）

臺灣的東西橫貫公路，是有名的觀光地區。大抵一般人來這裏，有的只遊東部，有的只遊西部。遊東部的，都是由花蓮到天祥。這一段路，車子大多在半山腰行駛。抬眼上望，峭壁像刀削直上；低頭下看，是千丈深坑，令人驚駭。一路上清溪屈曲，急流迴轉。車子時常從人工開鑿的山洞中穿過去。其中九曲洞最驚險，我們下車步行觀覽，兩邊雄奇的山勢，好像要將我擠壓得粉碎，直逼得我心神不安。這時，我感到自己渺小極了。

遊西部的，可以由臺中，經東勢，過谷關，往梨山。這一段路，車子大都在高山大嶺上行駛，車隨峰轉，越轉越高。過了谷關，俯視達見水庫，在下面萬丈的深谷間，好像碧玉凝翠。這一段路也十分驚險，但因視野比較開闊，所以沒有東部那一段驚心動魄。

橫貫公路的工程，是非常艱辛偉大的。一九五六年七月七日動工，參加建築的，最多時達到一萬一千多人。他們在海拔二千二百多公尺、林木蔽天的荒山峭壁間，鑿山開路，挖掘隧道，架設橋樑，鋪埋管道。有時連容身立腳的地方都沒有，工人們只好用長繩粗索，把自己掛在半空的峭壁上工作。

他們一鋤一鏟地挖掘，一鑿一鑽地敲擊，一寸一尺地開闢，經過三年十個月的努力，終於完成了這一偉大的建築工程。今天，我們走在這條大道上，可曾想到：足下的每一粒沙子，都曾經留有開山

闢路者的心血和汗珠。

〈臺灣橫貫公路〉的教學重點

(1)全篇要旨與篇章結構

〈臺灣橫貫公路〉介紹臺灣的東西橫貫公路，分做三部分五個段落來寫。

第一部分一段介紹東西橫貫公路是臺灣有名的觀光地區，引起這篇記遊的文字。

第二部分包括二、三兩段，分別描寫橫貫公路的東部的路線與驚心駭魄的景觀，西部的路線與雄奇開闊的視域。——這兩段是採取對比的寫法，可以使學生瞭解並學習這種寫法。

第三部分包括四、五兩段，敘述這個偉大的道路工程艱辛的建造過程，最後寄以感恩、懷念之情，作爲結尾。

(2)句式與修辭——譬喻與誇飾、誇飾與比擬、排比與連動、映襯與對比

我在這篇文章裏，用了譬喻、誇飾、映襯、排比來描寫景物現象與心裏感受。

(a)譬喻與誇飾：例如：

「抬眼上望，峭壁像刀削直上；低頭下看，是千丈深坑，令人驚駭。」

「俯視達見水庫，在下面萬丈的深谷間，好像碧玉凝翠。」

「千丈」、「萬丈」都是數字的鋪張。「刀削直上」，是程度的誇飾。

(b)誇飾與比擬：例如：

「兩邊雄奇的山勢，好像要將我擠壓得粉碎，直逼得我心神不安。」

「擠壓」、「逼」都是擬人的寫法。這種寫法表現了山勢給我一種極強的壓迫感，也表現了當時我的心靈極度不安的情況。「粉碎」是誇張的用詞。

「在這條大道上，可曾想到：足下的每一粒沙子，都曾經留有開山闢路者的心血和汗珠。」

(c)排比與連動詞：例如：

「遊西部的，可以由臺中，經東勢，過谷關，往梨山。」

「他們……鑿山開路，挖掘隧道，架設橋梁，鋪埋管道。」

在這兩句中，我各寫了四個排比性的「動賓詞組」，用了一大串動詞：「由、經、過、往」，「鑿、開、挖掘、架設、鋪埋」，寫出從臺中到梨山的路線，和開闢公路的各種工事。

(d)映襯與對比：例如：

「他們一鋤一鏟地挖掘，一鑿一鑽地敲擊，一寸一尺地開闢，經過三年十個月的努力，終於完成了這一偉大的建築工程。」

這種映襯對比的寫法，使大家知道：臺灣當年在科技落後、物質貧乏的情況下，開發橫貫公路的艱辛困難：是由一鋤一鏟，一鑿一鑽，一寸一尺，經過三年十個月的長時間才建築成功的。這種大小數據的對比映襯，自然令人感佩到工作人員的不畏艱辛的精神，才能克服困難完成了這一個偉大的工程！

9.西湖（五下，描寫文）

西湖，是我國有名的觀光遊覽區，三面山峰環繞，四時景色優美。湖上有一道長堤，從南屏山下直通北岸，把西湖分做裏湖和外湖兩部分。

沿著湖濱有環湖公路，交通方便，遊客不絕於途。

到了春天，西湖到處是花。走進鄰近市區的柳浪聞鶯公園，將可看到黃鶯在垂柳間飛來盪去，啼叫歌唱。長堤的兩旁，桃紅柳綠，十分迷人。西湖西北角的花圃植物園，種有玉蘭、山茶等兩千多種花草樹木，更是燦爛極了！

西湖的寺廟和亭臺樓閣很多，有名的有岳王廟、靈隱寺、樓外樓等。岳王廟在西湖北岸，是紀念抗金英雄岳飛的廟，供有一丈多高的岳飛坐像。靈隱寺，在西湖之西，北高峰下，供有六丈高的金色佛像。樓外樓是西湖北部孤山島上的一家老菜館，在這裏可以嘗到窖藏的美酒，西湖的鮮魚。孤山的中央是中山公園，園內有博物館，館內還藏著十八世紀清朝編的百科叢書四庫全書。

早晚陰晴，西湖的景色都很美。假如你趁著天還沒亮，划隻小船進湖。你將會看到最富有詩情畫意的西湖：一會兒，太陽出來了，四周的青峰露了出來，但山腳下的樹林，還是被詭奇多變的雲遮去了一半，湖上的雲霧蒸蒸上升，好一會兒才全部消散。這時，清澈的湖水就像剛濾過一般，湖面就像剛擦亮的鏡子，四周的景物全都倒映在水中，眞是美麗極了。

夏日，湖上紅蓮盛開；下雨時，荷葉跳珠，清香襲人。秋夜月光滿湖，好一片銀色天地。冬天的雪景也很美，山湖樓房，還有枝榦扭曲的老樹，都是一色的白，在日光照耀下，極像堆滿了爛銀白玉的世界。

此外，還有花港的金魚，飛來峰的石雕，都等著大家去玩賞呢！

〈西湖〉的教學重點

(1)全篇要旨與篇章結構

〈西湖〉是一篇臥遊式的遊記。當我寫杭州西湖的時候，我並沒有來過杭州，看過西湖。可是我讀過古今許多有關西湖的詩詞文章地志圖片，所以我對西湖已經相當熟悉的。我對西湖的景物是從全面來描寫、來介紹的，分做六部分：

第一、二兩段，介紹西湖是我國有名的遊覽區，並寫地理情況：三面環山，有長堤、裏外兩湖，有環湖公路。

第三段寫西湖的春花，包括柳浪聞鶯公園、蘇堤、花圃植物園。

第四段介紹西湖的寺廟樓閣，有岳王廟，靈隱寺，孤山樓外樓、中山公園、博物館及四庫全書。

第五段描寫西湖的早晚陰晴的美麗景色。

第六段描寫西湖夏雨、秋月、冬雪的美景。

第七段介紹花港及飛來峰也是玩賞的好地方。

(2)句式與修辭——重點的描寫

這篇文章因爲描寫的項目很多，我不得不用重點的描寫，大都用幾個字一行半行來勾畫出一個景物，讓學生對西湖有個全面概略的認識。當然，我也儘量注意文字的修飾，希望能夠把西湖的美表現了出來。例如：

(a)西湖「三面山峰環繞，四時景色優美。」

對偶句，上句寫地理，下句寫景物的特點。

(b)「岳王廟在西湖北岸，是紀念抗金英雄岳飛的廟，供有一丈多高的岳飛坐像。靈隱寺，在西湖之西，北高峰下，供有六丈高的金色佛像。樓外樓是西湖北部孤山島上的一家老菜館，在這裏可以嘗到窖藏的美酒，西湖的鮮魚。」

簡單介紹西湖代表性的寺廟岳王廟、靈隱寺和酒樓樓外樓。

(c)「夏日，湖上紅蓮盛開；下雨時，荷葉跳珠，清香襲人。秋夜月光滿湖，好一片銀色世界。冬天的雪景也很美，山湖樓房，還有枝幹扭曲的老樹，都是一色的白，在日光照耀下，極像堆滿了爛銀白玉的世界。」

夏日寫荷花和雨景，秋夜寫月，冬天寫雪，都只挑它最美的一種景來寫。「珠」是「雨珠」，借代詞。「跳」和「滿」都是動詞，也都是拈連辭，把上下文字連接起來，構成了一幅動態畫「荷葉跳珠」，一個幽美境「月光滿湖」。又用「爛銀白玉」來譬喻來描寫雪景之美。

(d)「花港的金魚，飛來峰的石雕，」

用「金魚」、「石雕」指出這兩地可看的景物。

這些都是採用重點的描寫；只有第五段寫西湖的晨景，著墨較多，是一段特寫。

10.談立志（六下，議論文）

各位同學：

今天，我要講的題目是「談立志」。這個問題談起來也許比較枯燥，但卻是很重要的。早在兩千五百年前，孔子就和他的學生談到了這個問題。孔子的學生們熱烈地說出了自己的志願，有的要從政，有的要當軍人，有的要做外交官，有的要做生意，有的要做老師。子路還說，他如果有了錢，他的車馬衣服都要跟朋友一起分享。也有的說，他唯一的志願就是要做個好人。

你們不久都要離開學校。不管是升中學還是就讀職業先修學校，都必須有個打算，要有個志向。這樣，遇到困難挫折，就不會氣餒退縮；特別是對於性格懦弱的人，更可以幫助他堅定自己努力的方向。

當然，我並不是要各位同學，都要像古人所說「立志要遠大，不可以安於小成就」；或者像馬援所說「男兒應當馬革裹屍，戰死沙場」；或者像班超所說「要立功異域」，封甚麼爵位；或者像現在的青年人所說要賺大錢。

一個人的志向要是定得太大太高，往往不容易實現，應該根據自己的能力和現實的情況來定。不管立志大小，不管聰明遲鈍，要實現自己的志向，都要不斷努力。一個成功的科學家，你以爲他是個天才，卻沒有看到他研究時困難、挫折和艱苦奮鬥的情況。

立定了志向，只要努力去做，是不難實現的。有一天自己的大志實現了，那一剎那的快樂，實在是難以言喻的。最後，希望你們都能運用堅強的意志力，努力實現自己的願望。

〈談立志〉的教學重點

(1)全篇要旨與篇章結構

〈談立志〉是一篇演講辭，也是一篇議論文。演講辭的開頭都有一個稱謂語，用來稱呼所有聽講演的人；這篇演講辭是校長或老師對六下的學生講的，所以一開頭就說「各位同學」。這篇演講辭的主題，是談論立志的重要。我根據這個主題，想了四個議論的重點：

第一段先切入題目，說明立志的重要，並引孔子和學生談立志的事情。

第二段談大家不久畢業，離開學校，也應該立個志向，作努力方向。

第三、第四兩段談如何立志？要想志向實現，要靠不斷努力。

第五段說明志向能實現是很快樂的事，勉勵大家努力去實現它。

(2)句式與修辭——引用與證明

我們寫議論文的目的，是針對某一個問題提出自己的看法，但要使別人接受你的意見，你的主張，你的觀點，就必須用「引用」的方法，引用證據來證明它，所以許多人常在論說文中引用前賢名言，歷史時事，成語諺語，寓言故事，統計數字來加強說明自己的觀點，來證明自己觀點的合理正確。我在這篇文章中也用了「引證」的方法，有的是明引，有的是暗用。例如：

第一段中孔子和學生討論立志，就是暗用《論語》和《家語》：孔子和冉有等談論各人志向的故事改寫成的，並且用排比句來表現：孔子的學生們熱烈地說出了自己的志願，「有的要從政(冉有)，有的要當軍人（子路），有的要做外交官（公西華、子貢）、有的要做生意（子貢），有的要做老師（顏回）。……也有的說，他唯一的志願就是要做個好人（曾皙）。」子路說他要跟朋友分享他的錢財則屬於明引。這些引用都是「取意略文」的寫法。

第三段的引用，直接引古人和今人的話，說明古人和今人的志向不同：古人偏在立功，今人偏在賺錢。馬援說：「男兒應當馬革裹屍，戰死沙場。」班超說：「要立功異域。」都是明引。至於古人說「立志要遠大，不可安於小成」，現在的青年人所說「要賺大錢」：這攏括了一些人的想法，也是一種暗用。

四、結　論

這些範文寫好之後，自己讀起來覺得是那樣的平白清晰，但當時卻寫得那樣的艱苦費神，眞是難以令人相信。不過，編寫小學語文課本的範文，畢竟不是常有的經驗，它跟寫其他文章有很大的不同，因爲它受文體、內容、生字、作法與教學各種理想的框制，寫來拘心束手，相當困難。我覺得這種編寫語文的經驗，是很難得的一種經驗，也是很可貴的一種經驗，所以特地借這個機會提出報告，也可以作爲研究小學語文課本或編寫小學語文課本的人士參考。當然，對於教小學語文科的老師也許也有一些幫助吧。

還有一點値得一提的，就是修辭的嚴格訓練，對於我能夠在很短的時間內，順利地完成語文範文的編寫工作，是有很大的幫助。

（民國八十三年四月刊於《人文及社會學科教學通訊》第四卷六期。再刊於《華文世界》72至75期）

《小說結構》簡介

一九九五年(民國八十四年)十月臺北東大圖書股份有限公司(臺北市復興北路三八六號)出版，十八開本，連序目共七百二十頁，六十幾萬字，內分九編四十七章。這是方祖燊教授前後經過三十年才完成的一部精心傑作。他熔化了中外古今寫作小說的技巧與原理，和他個人幾十年研讀小說的心得，一些寫作小說的體驗寫成的。他從小說界說，中國新、舊小說的歷史，西方小說的流派，各種小說類型，長、短篇小說的特質與布局變化，小說的視點，寫實與想像，小說人物形象的描寫、心理與意識的描寫、性格與典型的創造，對話的功用與原則以及語氣詞的應用，小說環境的描寫與氣氛的渲染，小說範例的評析，中外小說年表等等方面加以闡述。這是一部集小說理論、歷史、評析與年表於一爐的書，一定會增加我們讀小說的趣味，提升研究小說的能力，甚至對寫作小說的技巧也有一定的幫助。例如他說明一些小說家如何表現人物的潛抑、否定、移情、曲解、幻想等十四種不同的心理活動，對寫作心理小說與意識流小說都有嶄新的看法，是一部探討小說的非常好的著作。方教授的文字，洗鍊流暢之極，讀來輕鬆而有趣味。

小說結構
方祖燊 著
東大圖書公司

多方位 看小說

——題方祖燊的《小說結構》

林 良

方祖燊教授的這一部著作《小說結構》，對大學文學院系的學生來說，是一本內容充實的「小說理論」。對喜愛文學的讀者來說，這一本書更應該命名為「認識小說」，因為它能引領讀者進入「小說城市」，把大街小巷都走遍。

這本書的特色是：有充實的「總論」，有精彩的「專論」。

一般的「小說理論」，往往著重在提供一個「論述架構」，然後在這架構之下，分綱分目，稍加陳述。結果讀者所獲得的，往往也只限於一個空洞的架構，有骨無肉，並未能跟小說有眞正的接觸，因此也不可能有眞正的體會。

方教授不願意使「總論」淪為空論，所以每一個論點都有具體的事實作立論的根據，給人「不空泛」的美好印象。

除了本書「論述架構」下的總論以外，方教授更以構成一篇小說的種種要素為題，撰寫「專論」。這幾篇重要的專論中，處處是精彩的實例，十分引人入勝。讀者讀的儘管是一本小說理論，卻等於接觸到許多精彩的小說作品。

本書這個特色的形成，跟方教授在「專題研究」所下的工夫有關。三十幾年來，在本書編撰之前，方教授心中早有自己的一部小說理論，但是他卻從專題研究入手，把心力集中於一點，作成扎實的專論。每寫成一篇，就按部就班，納入心中的那部理論裡。等專論齊備了，水到渠成，自然凝聚爲一部精彩的專書。書中的每一篇專論，等於從一個特定的方位去審視小說的整體。彼此交叉審視，就很容易捕捉到小說世界的全貌。因此，我稱這部著作是「多方位看小說」，可以使我們對小說獲得一個「有形有體」、「有骨有肉」的完整印象。

方教授是我的好朋友，我又很喜歡他這一部著作，一知道這本書就要出版，就很想爲他寫一篇賀詞。賀詞變成了這篇序，這篇序也爲我們的友誼留下了紀念。

八十四年八月在臺北

生命之書

黃麗貞

在文學研究和創作中投注了四十多年生命的祖粲，再出版一本書，原本也不是一件特別事；但在我眼中，《小說結構》的問世，卻具有他生命意義的紀錄。

新文藝課程，在師大一向是不受重視的，三十多年前，甚至是被排斥的。教我「新文學概論」的謝冰瑩老師，雖然早已是享譽國際文壇的名作家，從我在母校擔任助教開始，在某些系務會議的場合中，不止一次親見她因爲從事現代文藝創作而受奚落；直到民國六十年前後，當時的系主任還下令指示由學生社團國文學會主編的《文風》雜誌，不准刊登「白話文」的作品。但是，現代文藝的創作和研究，早已成爲時代的潮流，絕不是什麼懷古心情可以阻遏得了的，所以，系裡的課程依然開列「新文藝習作」爲必修課程，和選修的「文學概論」。當時開在二、三年級的「新文藝習作」，爲了要配合學生畢業後，到中等學校教學之需，散文、小說、新詩、戲劇全都要教到。這些因應時代潮流的新課程，不但師資難求，早年書禁也嚴，可供參考的著述奇少；又在系裡風氣的導向下，選修的「文學概論」總是時開時停，教「新文藝習作」的教師，還要附帶批改習作，可以想見他們的辛苦和壓力。

祖粲從民國五十三年開始接承「新文藝習作」這門課，到五十九年，便出版了《散文結構》，可以說是當時第一部由大學講壇上研究出來的新文藝理論著作，我當時在幫著做校對時逐字細讀一遍，無論在理論思想和文辭手法上，都覺得那實在是一部好書。之後，他又陸續著手寫有關小說方面的研究，由於著眼的範圍及於古今中外，只見他搜羅了許多相關的書籍，稍有空暇就迷頭迷腦地看，然後就趴在書桌上寫，也看到他的研究成果，斷斷續續地一篇篇的發表出來。

身爲他的妻子，也是他的同事，對於他的生活瑣雜事情的「故意無能」，眞的要用最大的愛心來加以「包容」的；我常跟他說：你結婚之後，從來就沒拿過一次掃把。直到現在，洗衣機已經換到第三臺了，我們這位大爺，還不懂得怎樣去起動它，因爲他的時間，全都放在教學和研究上，所以，他能有充分的時間去涉獵各方各樣的學問，不時有不同樣式的作品出來，先後也集結成數十種著作。

祖燊個性純眞率直，對讀書以外的事，攏總嫌煩，尤其不善於「體察」情況，就人言色以揣度別人的心意，實在不適宜於去做行政工作，而他的生活心態也很簡淡而節約，我也就一直祈願他逍遙在文學的天地裡，滿足在平淡、平凡的日子裡，儘量遠離塵世的煩擾；他也很能享受到他單純生活的美好，雖然年過了六十，還純然「不知老之將至」！

八十年的暑假纔開始，他意外地發現罹患了第三期的直腸癌，經過手術切除，又接受六個療程的化學藥物治療；而學校對於他請假一學期來治療養病，辦事人員還有所刁難，所以他寒假過後，抗癌針還未打完，就拖著病回到學校勉強授課；耽心著隨時會出現復發情況，一直是我們那段日子的夢魘。

依然如往地忙著教學、研究、寫作，還要分神去照顧「中國語文學會」的瑣事，對病後「追蹤檢查」，總是要我一催再催，他纔勉強騰個半天出來，還得我陪伴護送。算著再教一年，他就六十五歲，商量好屆齡就退休了。想不到快到暑假時，學校通知他又該輪到他有一年的休假，他去問清楚了，休假結束就可以提前在他滿六十五歲之前退休；他認爲切掉了二十三公分的直腸後，三天兩頭就拉肚子，能再活多久，實在是未知之數，所以退休金也就打算一次全領。這一年休假，也等於是「有薪」的退休；我不時以我的信仰心情提醒他：上帝眞的很眷顧你！

每次的追蹤檢查結果都很理想，無神論的他還是覺得很「感謝老天爺」，對於在世的生命時間分外可貴，特別想要完成他鑽研了三十多年的小說研究，我也認爲他在這個領域中所做出來的，已經有了相當超越的成就，也不時給他加油打氣。從休假之前的暑假開始，因爲心情的專注投入，他的工作情況，比以前還要沈迷，眞的是「無日無夜」，我時常半夜醒來，隔壁房間亮著，是經常的情況，他原本愛看的電視影片，都忽然完全失去了吸引力了。他這樣地認眞努力了兩年多，終於完成了這部數十萬字的著作。

師大國文系新文藝課程在這三十年的慘淡經營下，在少數老師們的認眞、堅持下，近年來，年輕的學生輩同事，要接棒的意願十分高，學生對現代文藝也表現出濃厚的興趣。祖燊這部《小說結構》的問世，無論在他的研究上，在他的教學上，特別是在他病體剛剛恢復之後不久，對他來說確實是極具生命的意義。

《小說結構》自序

民國五十三年（一九六四），我開始擔任國立台灣師範大學國文系的「新文藝」的課程，就想撰寫一部寫作小說的理論。三十年來，我不斷努力，大量閱讀小說，研究小說，以及種種有關小說的理論，潛思冥想，一有所得就把它寫成專論，在報章雜誌學術期刊上，一篇一篇發表了出來。三十年來總有三十多篇三、四十萬字。民國八十二年，我擔任師大教授二十多年第三度休假，我利用這個長達一年的研究假期，終於將這部長達七十萬字的《小說結構》的小說理論補充完成。

去年十月初，我把原稿交給東大圖書公司，經過東大圖書公司編輯部辛苦的整稿、打字、校對，在今天即將印行之際，我看著最後的大樣，深有所感，往日撰寫每一章節的情景與過程，一下子兜的湧上心頭。因此，也想藉此自述，讓自己撰著此書的心路留下一些痕跡，也願它能夠幫助有志研究小說的學者，有興趣寫作小說的朋友，知道這部小說理論的特點。

《小說結構》共分九編四十七章。「編」等於一個大單元，「章」有的是為著討論一個專題而立的，有的是為內容複雜要使觀念簡化而分的，有的是為要分析寫作的各種範例而設的。現在分述如下：

第一編小說的本體與歷史、流派：包括五章。

第一章序論：是最後寫成的一章，敘述我閱讀小說，研究小說，熔化中外的小說理論，及個人研讀的一些心得，經過三十年努力，完成了這部《小說結構》的過程與雜感。

第二章小說的界說：原標題作「什麼是小說」？在這章裡，我分析了「小說」的特質。

第三章中國舊小說：在民國五十三年，我指導同學編「中國舊小說年表」；我在年表的每一朝代前面作一短序，介紹小說家的成就。到民國六十四年底，我把這些短序改寫成〈中國舊小說〉，約三萬多字，在《國語日報・書和人》上連刊三期。我想這樣濃縮的小說史，可以一目了然，可以幫助讀者選讀小說。

第四章中國新小說：我在民國六十年撰著《六十年來之國語運動簡史》，裡面有一節寫到「白話文學運動」，開始接觸到新文學運動的歷史，當時因爲忌諱很多，無法暢所欲言。後來讀夏志清《中國現代小說史》，總覺意猶未足。再讀大陸葉子銘等人的《中國現代小說史》，所寫的也僅止於五四前後。很幸運的，現在臺灣已經是「言論眞正自由」的時代，再加上資料很容易找到，因此我能夠根據我的理想與構想，簡要地介紹民國八十年來，中國新小說的時代背景、重要的文學社團、小說作家與作品的成就與價值。我想大致能夠寫出「中國現代小說」的概況。

第五章西方小說的流派：西方文學的發展，深受文藝思潮的影響。我國新文學的興起，也深受西方文藝思潮的影響。如新文學運動之後成立的「文學研究會」就高標「爲人生而藝術」，「創造社」就高倡「爲藝術而藝術」，這就是西方的寫實主義和浪漫主義。巴金寫小說受虛無主義的影響。臺灣現代詩和意識流小說，更是從西方「橫的移植」進來的。我們研究小說寫作的理論，怎能不探討西方的文藝思潮？所以早在民國六十二年，我即著手撰寫〈西方小說的流派〉；這年四月刊載於師範大學的《國文學報》第二期。當時，我讀許多有關討論「西方文藝思潮」的專書，甚至笨到去讀《文藝辭典》，爬搜摘錄資料。讀陳鼓應等人翻譯的艱澀難懂的《存在主義哲學》一書，一遍又一遍地，鉤玄挈要，寫成了其中一節「存在主義」，約一千四百多字。由此一端，即可見出：當年我撰寫每一篇理論艱苦費時的情況。

第二編小說類型論：包括下面九章，主要探討小說的各種體類與寫作的方法。

第六章小說的分類：從宋李昉、明胡應麟、清紀昀的分類，談到從小說形式演進以及由小說內容的分類，最後談到我個人對現代小說的分類。接著詳細分論各類小說的歷史、演進、特質與寫法。

第七章生活小說與社會小說：小說是最適合於描寫我們的生活，反映我們的社會。如何撰寫這一類小說？我歸納前人的寫法有：據實描繪、評擊諷刺、譴責揭露、寄託理想、寓言諷喻五種方式，都值得我們學習。

第八章愛情小說：愛情是人人需要的。愛情小說所取材的有偏重描寫感情的，有偏重描寫性愛的，有偏重描寫婚姻與家庭問題的三類。

第九章心理小說與意識流小說：在民國六十一年十二月十八、十九兩日，我在《中央日報·副刊》上〈談短篇小說〉，引起在美國德州的女作家歐陽子討論的興趣，在二十五日寄來〈也談「短篇小說」〉一文，也在「中副」刊出。她對「意識流小說」提出一些不同的看法。編者把她的文章寄給我，希望我作答。那時，我對西方意識流理論的認識不深，只好緘默以對。後來我遂發憤研讀佛洛伊德的傳記與學說，深自探討一些心理小說與意識流小說的問題；民國七十六年八月二十七日至九月四日八天，我連續在《青年日報·副刊》發表這個長篇〈心理小說與意識流小說〉的專論。今天回想起來，實在應該感謝歐陽子女士當日的批評，不但助我修改了一兩處語病，並且也促使我把這個專題完全搞清楚。

第十章歷史小說：除了少數作品是作者虛構杜撰以外，大部分的歷史小說都或多或少根據史料來撰寫。我在這裡只談歷史小說的取材和結構的問題。

第十一章神怪小說、恐怖小說與科幻小說：這章討論神怪、神仙、鬼怪、恐怖等等故事產生的原因及特質；並且介紹阿拉伯的魔法與日本的怪談，以及我國的神魔小說；後來有人把現實生活跟科學狂想、病態心理與怪異現象結合起來，寫成恐怖小說；到十九世紀末，產生了眞正的科幻小說。

第十二章武俠小說：我首先闡釋「俠」到底是怎麼樣的一種人物，接著論介唐、宋、元明、清朝到民國的武俠小說作家的作品、寫法與成就。

第十三章偵探小說：介紹中國公案小說和西方偵探小說、日本推理小說。

第十四章微型小說：就是極短篇小說，我國人所謂「筆記小說」。這裡從內容與結構，舉例分析奇談、巧遇、神話、傳說、雜史、寓言、志怪、軼事、笑話、故事、傳奇之類的小故事的作法。

第三編小說結構論：專從小說的篇幅與架構來探討小說的體制問題。

第十五章短篇小說：論短篇小說的特質、寫法與偏重。

第十六章短篇小說的布局：這是採用西方的文學理論：完整的結構要包括開始、中間和結尾三部分；情節的發展是在兩種勢力發生爭鬥或糾紛的情形下進行的觀念；再加利用圖表符號和文字說明，來評析作品的方法。在民國五十三年，我指導洪辰夫、于文蓉兩位同學就法國莫泊桑的作品，分析說明短篇小說布局的方法。

第十七章長篇小說：論長篇小說的特質、寫法與偏重。

第十八章長篇小說的布局：我從中外著名的長篇小說，歸納出故事、書名、遊記、自傳、書信、日記、意識流等七種結構，並且舉例說明它們的作法。

第十九章小說的敘述程序與格局變化：這是根據西方的小說理論，來探討小說敘述的程序與格局的變化。所謂「ABC程序」就是順敘方式，從事件的開頭描述到結尾；「ZYX程序」就是倒敘方式，從事件的結尾追敘到開端；還有混合程序。這三種程序還有許多變化。我在這裡舉例說明它的方式與變化，對於初學寫作小說安排格局、敘述故事者，應該是有相當幫助的。

第四編小說的觀察點與想像：有下面兩章：

第二十章小說故事的敘述方法——觀察點：關於一篇小說中人物的形象、言行與情思，場面、情節及氣氛，這些都由誰的「觀點」來敘述呢？觀點就是視點。這章專論「視點」這個問題。

第二十一章談現實、想像與小說之虛構：小說有寫實與浪漫兩派，寫實派儘量根據現實來寫，浪漫則著重想像。其實無論浪漫或寫實都離不開想像。但不是每一位寫小說的人都有高度的想像力。但沒有關係，想像力是可以訓練提升的。這章主要就在討論：如何提升一個人「想像的能力」？

第五編小說人物論：本來是一個整篇的長論，內容相當繁雜；但爲了要給人簡要清晰的理念，所以我把它分做七個章來論述。

第二十二章小說人物論的緒說。

第二十三章人物外在世界的描寫之一——人物形象的描寫。

第二十四章人物外在世界的描寫之二——人物出場的描寫。

第二十五章人物內在世界的描寫之一——人物的心理與意識的描寫。

第二十六章人物內在世界的描寫之二——人物的性格與典型的創造。

第二十七章如何由人物的對話、動作與情節來描寫人物。

第二十八章短篇小說與長篇小說怎樣安排情節與描寫人物。

從這裡七個章的「章題」和後面各章前附的「子目」，大家已經可以很清楚地看出：在這些章裡，我所要論述的內容。不過，我要特別強調一點，是第二十五章人物的心理與意識的描寫；其中提到作家要描述什麼樣的劇情？才能使讀者產生憐憫同情、憂慮恐懼、悲傷痛哭、快樂歡笑的情緒？我在這一章裡特別探討：我們寫作小說要想使讀者發生恐懼心理、憐憫心理或快樂心理，我們必須特別安排某些情節，製造某種氣氛，描繪某種境況，這樣才能引發人產生「共鳴作用」。我在這章裡還探討到人類各種失常的心理，與小說故事情節的關係以及其作法。

第六編小說語言論，包含三章。

第二十九章小說對話的功用。

第三十章小說對話的七原則。

第三十一章白話小說中的語氣詞。

在這三章裡，比較特別的是論介小說中所用到的各種「語氣詞」。我認爲我們說話有種種語氣，也常常帶有種種感情；所以我們寫作小說也應該用適當的「語氣詞」，去表現人物說話時候的語氣與感情，這樣才能把對話寫「活」；所以我從過去《紅樓夢》、《水滸傳》……之類的白話小說中摘錄許多例句，再根據語法的觀念，分做「陳述句」、「疑問句」、「祈使句」、「感歎句」四大類，加以論述說明。希望對大家撰寫對話有幫助。

第七編小說環境論：包括七章。

第三十二章描寫人物不能脫離環境。

第三十三章描寫環境在表現故事的時代背景。

第三十四章描寫環境在刻畫人物的生活環境。

第三十五章描寫環境在描繪自然景物。

第三十六章描寫環境在顯示當時的社會情況。

第三十七章描寫環境在渲染氣氛、加強情節。

第三十八章描寫環境在刻畫激烈的戰爭場面。

個人命運與時空因素是絕對沒法分開的。法國小說家左拉說：「人不能脫離環境而生存。」他認爲一個人物的心理與性格爲什麼這樣？故事爲什麼如此發展？如此結局？都應該從他生活的環境中去尋找原因。因此，他寫小說對環境的描寫特別詳細。大抵西方小說對環境的描寫比較詳細，中國比較簡略。我在這七章裡採用比較文學的方法來討論這些問題。小說家之所以描寫環境，主要是在表現：和人物故事相關的時代背景、生活境況、自然景物、社會情形、色調氣氛或戰爭場面。我在這一編裡列舉中外小說名家的各種例子，來分析說明他們描寫刻畫、渲染加強的種種手法、技巧與成功的地方。

第八編小說範例：我認爲一部完善的寫作理論，必須有計畫多方面選擇恰當的範例，加以分析說明，幫助有志寫作的青年從學習而創造，幫助有志研究文學的朋友從理論而實證。這裡，我特別用了九「章」的篇幅舉「例」欣賞分析小說家寫作小說的各種手法與技巧。

第三十九章羅貫中與《三國志演義》：這是以《三國志演義》做例子，闡說應該怎麼樣去蒐集材料、組織材料，鋪寫成一部生動的「歷史小說」。

第四十章曹雪芹的〈興兒論鳳姐〉：這是從興兒和尤二姐兩人的一段對話，來演述鳳姐「嘴甜心毒」的爲人，並且預伏了後來尤二姐被騙進賈府之後的情節發展：作爲我們撰寫對話的一個很好的實例。

第四十一章《水滸傳》縱橫談：縱談作者、題材與版本，橫論林沖的性格的轉變。主要是在探討：怎樣安排情節？如何設想境遇？來顯示人物的性格，來促使人物性格的轉變。

第四十二章吳敬梓寫的〈馬二先生遊西湖〉：這是從「遊湖」這一件小事，論析吳敬梓描寫馬二先生的寒酸迂腐。如何描寫人物？這是很好例子。

第四十三章都德〈磨坊的祕密〉的分析：這是篇偏重故事與心理的小說。

第四十四章亞米契斯〈爸爸的看護者〉：這是篇偏重巧遇與心理的小說。

第四十五章陳少聰〈水蓮〉的評介：〈水蓮〉這篇小說主要在介紹記憶喪失症與記憶亢進症的心理，可做現代描寫心理與意識的小說一個實例。

第四十六章施耐庵《水滸傳》的布局：這是從全面來分析《水滸傳》的結構，供有志寫作長篇小說者參考。

第四十七章方祖燊的〈花園的怪夢〉：描寫三個女人瘋狂的原因與情況；我是用傳奇的手法表現她們失常的心理，透露人精神失常，大都是由先天的遺傳與後天的境遇所造成的。

第九編中外小說年表：收錄了中外著名的小說的作家與作品。中國舊小說部分，是我在民國五十三年指導易友材、林國軒、江菊松、羅軍勇四位同學，歷時半年編成，我再加以增修。歷代外國的小說的作家與作品，現代中國的小說的作家與作品，完全是由我按著原有體例，逐年補充而成。外國重要小說，我儘可能略加簡介。臺灣小說的作家與作品，我採取較寬的尺度來收錄。

這部前後歷時三十年的著作（從民國五十三年至去年民國八十三年），是在我各種著作之中寫作時間最長的一部，主要是因爲停停斷斷的寫，陸陸續續的發表。我私自慶幸的是，民國八十年（一九九一）七月二日，我得知自己患了「第三期直腸癌」，在三次進入榮總動手術，作六療程化療，前後經過十個月之後，我還能夠繼續撰寫了三十萬字，補充了〈中外小說年表〉、〈小說環境論〉、〈小說人物論〉、〈中國新小說〉、〈武俠小說〉和〈微型小說〉等等編章，終於使全書完成，爲一部體系完整的小說理論。我雖然不敢自己說非常完美，不過也有許多可取的地方，探討了前人從未觸及的專題。也因爲大病之後，深感生命之可貴，更應該好好利用我這短短的人生，所以每當下筆，我都是盡心而作，力求做得完善。

當然，經過這麼長的時間才完成的一部著作，其中自不免有一些引例重複應用，這大致都是從不同的專題論點來討論的：如莫泊桑的〈項鍊〉，有的是論它取材的單純，有的是談它格局的變化。有時還可以由此發現因爲版本不同而文字不同，如《紅樓夢》與兒談到探春、黛玉、寶釵的一段文字，就有一些出入；有時還可以因此見到因爲譯者關係而用詞不同，如〈羅生門〉中的同一人物，一譯「家將」，一譯「傭工」。這些地方都希望讀者留意、寬諒。

最後，我要特別感謝的是內子黃麗貞教授，在我大病期間，她悉心照顧我！所以謹以此「書」，作爲我對她表示深忱的一份禮物！

方祖燊序於民國八十四年八月．桃林樓

《小說結構》目次

第五編　小說人物論

《中國寓言故事》簡介

一九九八年（民國八十七年）四月，臺北正中書局（中華民國臺灣省臺北市衡陽路二十號〔20, Heng Yang Road, Taipei, Taiwan, Republic Of China〕）出版，二十五開本，三百十一頁。國立編譯館主編，方祖燊、黃迺毓合著。從中國古代的寓言中選了一些作品，用現代的華語重新改寫成二十篇趣味性的故事，並且由王克武配上彩色的插圖。包括故事本文、字詞解釋與例句、成語解釋與例句、詞組與句型舉例、練習（詞語造句、回答問題）等五個部分。字詞、成語、詞組與句型，加英文註釋，例句加英譯。從這些故事，可以知道中國人的生活態度、愛情觀念、哲學思想、民間習俗與神話傳說，可以作外國人士和華僑子弟學習中國語文的教材。

中國寓言故事
中國語文補充讀物 十
國立編譯館主編/正中書局印行
CHINESE FABLES

自序

中國古籍中的寓言故事雖然很多，但要選擇適合外國人士和華僑子弟讀，又富有教育意義的卻也不多，再加上要把那些簡短的原作，改寫成既淺白又有趣味的故事，也並不是一件簡單的事情。雖然如此，但我們總想把它編寫得更好，所以在這些短短的文章中，加一些描寫，來增加一些文學的意味；加一些同樣句型的文字，希望外國人士與華僑子弟，能夠由這些句型，熟悉我國文字的用法。

我們在這本《中國寓言故事》裡，收了二十篇作品，內容的安排，大抵採用國立編譯館中國語文補充讀物的體制，包括故事本文、字詞解釋與例句、成語解釋與例句、句型舉例，練習（有詞語造句與回答問題兩種）。我們希望學習華文的人，能夠由此知道中國的一些趣聞故事，神話傳說，瞭解一些中國人的生活態度，愛情觀念，哲學思想，民間習俗，而且希望對於他們講華語、寫中文，也能夠有一些幫助。附錄有「詞類略語表」、「中文一千個最常用字表」、「本書字和詞索引」，以便學者參考翻查。這本小書，讀華語華文中級班的外籍人士、華僑子弟，如果用作課本，應該是很適合的。

方祖燊　黃迺毓　中華民國八十五年七月

Forward

Although there are quite a few fables among ancient Chinese books, it is not easy to choose some for foreigners or overseas Chinese to read or study. They should be simple, educational, and interesting. However, we tried to make them better by adding some descriptions in order to have more literary flavor. We also used repeated sentence patterns for readers to get familiar with the Chinese sentence pattern.

In this volume, we collected twenty fables. As for the arrangement of the context, we used the pattern set similar to the supplementary Chinese Reader by the National Institute for Compilation and Tranlation. Following each text are vocabulary, idiomatic expressions, sentence patterns and exercises. After reading this book, we hope that readers who want to learn Chinese will read some interesting stories, myths, and legends; understand the Chinese viewpoint of living, love, philosophy, and customs; and learn to speak and write better Chinese. The " Grammatical Notations " " List of 1000 Characters Commonly Used " and " vocabulary used in this volume " are included in the appendix for reference. This book is suitable as a textbook in a medium Chinese class for foreigners and overseas Chinese students.

Tzuu-shen Fang

Nai-yu Huang

July, 1996

《中國寓言故事》目次

《當代名人書札》簡介

一九九九年（民國八十八年），臺北正中書局（臺北市衡陽路二十號）出版。十六開本，二百六十頁。劉眞（字白如）先生存有現今臺灣各界的領導人士，和他往還的書札。「中國語文月刊社」認爲書信是我們常用的一種文體，這些名人書札可以做老師教導學生寫作書信的教材，也可以做一般人士的「尺牘範本」，民國八十一年（一九九二年）就在《中國語文月刊》上開闢了「名人書札」專欄，每期除登載一兩篇原函的眞蹟之外，並請方祖燊教授簡介發信人的生平，以及在信函前闡述其要旨。七年以來，刊登了八十位名人的信函；現在從中選了五十人、六十幾封信，編爲《當代名人書札》一書，由正中書局精印出版；希望這些已逝的政府要員、學術碩儒、藝文耆宿，社會清流的事蹟和墨寶，能夠因此流傳久遠。

當代名人書札
劉眞◎珍存
方祖燊◎編註

《當代名人書札》序

朱滙森

「書信」為我們日常常用的一種文體，早在春秋時即已流行，像「繞朝贈士會以策，子家與趙宣以書，巫臣之遺子反，子產之諫范宣」，均情懇辭摯之作，猶如晤面相談。至戰國時，辭漸詭麗。漢朝司馬遷之〈報任少卿書〉，楊惲之〈酬孫會宗書〉，揚子雲之〈答劉歆書〉，都是古來有名的書信。建安時，曹丕〈與朝歌令吳質書〉與曹植〈與楊德祖書〉更是討論文學的傑作。歷代名人作家的書函信札，傳誦至今，仍然極多。也有以書信編為專集，清有袁枚《小倉山房尺牘》十卷，是過去為幕僚者必讀之範本。今有胡適先生，在其文集中也有一冊專收「書信」；可見其論學論事之看法，亦可窺其朋友交往之情形。其中有〈致劉眞〉一函，說：

白如兄：

二月四日的信接到了，並已轉給舊莊國民學校家長會的諸位先生看過。吾兄對於舊莊國校的愛護與協助，大家都很感激。我特別向您道謝。二月九日在府上的歡聚，我們六七個人喝了十瓶酒，可算是一種紀錄！只是大嫂太辛苦了，我們要特別謝謝她給我們那麼多的好菜喫！

匆匆，敬祝

雙安

弟適之　四八，二，十三。

今天讀來仍然是意趣盎然之極。蓋「書函」一體由於實用，範圍至廣，故向來受到普遍重視。《昭明文選》、《古文觀止》、《古文辭類纂》與《經史百家雜鈔》等總集，均已專列一類，收錄古人的重要書函，當作「範本」來誦讀。另一方面，書函各有其時代性；各個時代流行的格式與用語均不相同。我們閱讀時，要特別注意信中適當的稱謂，謙恭而委婉的措辭，以及通行的書寫體例。我認爲《當代名人書札》，實在可以當作現代的「尺牘範本」。

　　這本書所選錄的名人都是現今各界的領導人士，在歷史上自有其重要地位。可惜哲人已逝，我們無從親炙其謦欬容止。好在這書已刊出原函的眞蹟，字裡行間最能表現其個人的特殊風格。我們不妨將這本書看作許多名人墨寶的專輯，也有保存之價值。

　　古人說：「以文會友，以友輔仁。」與白如先生通信的人士，有政府部門的首長，學術文化界的耆宿，社會上的清流；他們都是聲應氣求、光風霽月的人士。由此，我們可以看出白如先生具有崇高的聲望和地位。再從來信的內容來看，也可知道白如先生虛懷若谷，博訪周諮，才能創立教育方面許多不朽的事功。同時，從他們對白如先生的推重與讚許，更可增加大家對白如先生的認識和瞭解。

　　劉白如先生一生都堅信語文教育之重要，但他認爲語文教育應從生活中實用中扎根，因此早在幾年之前，他擔任中國語文學會理事長時候，即指示方祖燊教授在《中國語文月刊》設一專欄，每期刊載一篇名人的「書札」，作中小學老師教導學生寫作書信的教材，也可作政府秘書人員撰寫公文函牘時的參考。方祖燊教授除登載原函眞蹟之外，並在函文前闡述其要旨，簡介發函人的生平，使讀者得以了解其人其事，兼具語文學習和書法研究的意義。甚受各界的歡迎，許多讀者來信，希望能儘快將這些書札彙印成冊。現在，正中書局編輯部願意爲讀者服務，並商得白如先生的同意，出版一本《當代名人書札》，從八十位名人來信中選出陳大齊、朱家驊、羅家倫等五十位名人的來函，加以精編精印。

現在，我們和家人、親戚、同學、朋友、老師、同事，有時相隔兩地，不能見面，這時若要抒發感情，溝通意見，議論道理，都可藉一紙信箋。寫信最要緊的是「盡言」，能夠將心中意思清楚表達出來，文字宜條暢明白，簡潔誠懇。過去的尺牘，客套語過多，繁麗辭過多，已不太適合繁忙的今天。《當代名人書札》所選錄的信，都是文字極條暢明白，簡潔誠懇的作品，極爲實用。近年社會上熱烈推行讀書運動。我們雖要讀書，最重要的是必須有好書可讀，所以我特別推薦《當代名人書札》這一本好書。對讀者一定是「開卷有益」。

朱匯森於民國八十七年元旦

劉眞先生簡介

方祖燊

劉眞先生字白如，安徽鳳臺人，民國二年（一九一三）生。安徽大學哲教系畢業，並在日本東京高等師範及美國賓州大學研究三年。歷任立法委員、臺灣師範學院院長、師範大學校長、臺灣省教育廳廳長、國立政治大學教育研究所所長等職、現任總統府資政、中華文化復興運動總會副會長、中華民國中山學術文化基金會董事長。

民國三十八年（一九四九）四月，臺灣省立師範學院發生學潮，白如先生應臺灣省政府陳誠主席之聘，來臺擔任師範學院院長。他到任後，首先安定學生生活，建立導師制度，充實學校課程，並擴建校區，興建宏偉的圖書館。同時，多方延聘名師宿儒，如陳大齊、錢穆、梁實秋、牟宗三、黃君璧、溥儒、潘重規、陳可忠、田培林等數十位教授來校任教，蔚爲一時之盛。

爲了培養優良校風，白如先生特手訂校訓爲「誠正勤樸」四字，以養成學生不虛僞、不偏私、不怠惰、不奢靡的習慣。並親書「止於至善」四字，嵌於行政大樓入口處門額，期勉同學發揮自強不息的精神。師範學院在白如先生和全體師生的共同努力之下，逐漸成爲一所著名的高等學府。民國四十四年六月，師院改制爲師範大學，白如先生應聘爲首任師大校長，從此學校規模日大，校譽日隆。

白如先生對弘揚我國傳統師道，極爲重視，曾約請陳大齊等四十餘位教授，合編一部五十多萬字的「師道」一書，介紹中外許多足以爲人師表的聖哲的生平與風範，俾一般教師讀後能見賢思齊。而我國教師節之由八月廿七日改爲九月廿八日，也是白如先生在校長任內，根據校內教授從曆法上考證孔子誕辰所獲得的結論向政府建議改定的。因九月廿八日適値各級學校開學以後，師生慶祝孔子誕辰和教師節的氣氛，較以往暑假期間自然更爲熱烈，所以教師節日期的改定，實在具有很大的意義和久遠的影響。

民國四十六年（一九五七）八月，白如先生奉調爲臺灣省教育廳長，在五年多廳長任期內，他以「教育人事制度化、教育設備標準化、教育方法科學化」爲施政方針。並特別重視改善教師生活，提高教師待遇，曾創立了史無前例的「教師福利制度」，興建日月潭，臺中兩教師會館，舉辦各種教師研習活動，使會館成爲最理想的教師進修和休憩的中心。

國家安全會議於民國五十六年（一九六七）四月成立，白如先生奉派爲國家建設計畫委員會委員兼文化組主任。翌年七月，先總統　蔣公特派白如先生至歐美各國考察教育一年，次年七月回國後，建議政府設置助學貸款及實施學力鑑定考試，均被採納實施。民國七十二年（一九八三）三月，白如先生應教育部之聘，擔任「學制改革研究小組」召集人，一年後，研究小組提出學制改革建議案，經教育部核定，惜不久教育部長易人，此項改革建議案未能見諸實施。

白如先生著述甚多，已出版者有「教育行政」、「辦學與從政」、「歐美教育考察記」、「儒家倫理思想述要」、「教育問題平議」、「勞生自述」、「師道」、「中國文化的前途」、及「劉眞先生文集」等二十餘種，爲文結構嚴謹，內容精湛，常能融會中外學說，自成一家之言。

由於白如先生數十年來在教育方面的卓越貢獻，已受到國際人士的肯定，故美、英、法、日等國，均將其列入「世界名人錄」中。誠如師大校友以「德行、學術、事功、文采」四美兼備來推崇他對教育文化的偉大成就。白如先生的生活態度自稱是三自主義，即「自食其力、自強不息、自得其樂。」從他所撰用以自勉的以下幾句話：「靜以養心，動以養身；言其所信，行其所言；求知若渴，從善如流；盡其在我，隨分報國。」更可看出這位一代大教育家立身處世的風範。

《當代名人書札》目錄

第二輯

方祖燊主編、整理或改作的著作。

《國立臺灣師範大學四十暨四十一級級友畢業三十年專刊》簡介

一九八二年（民國七十一年）十二月，紀念專刊編輯委員會編輯出版。十六開一百磅銅版紙插圖攝影本，三百八十九頁。方祖燊主編兼設計，許俊雅助編。內容包括：胡永壽封面設計、副總統謝東閔扉頁題字、呂少卿弁言(7)、紀念大會程序(8)、上總統致敬電文(9)、主席致詞(11–12)、謝副總統推薦專文(13–16)、訓詞、致詞與賀詞（17–29)、校景圖片（31–60)、大會活動圖片(61–102)、秘書處報告(103–118)、師長來賓級友簽名錄（119–144)、級友等文章十一篇(145–181)、師長與系友通訊錄(183–230)、兩屆各系科一百七十二位級友簡介（附全家福照片，231–364)、籌備記錄(365–384)，方祖燊編後雜感(385–387)。印刷非常精美。非賣品。

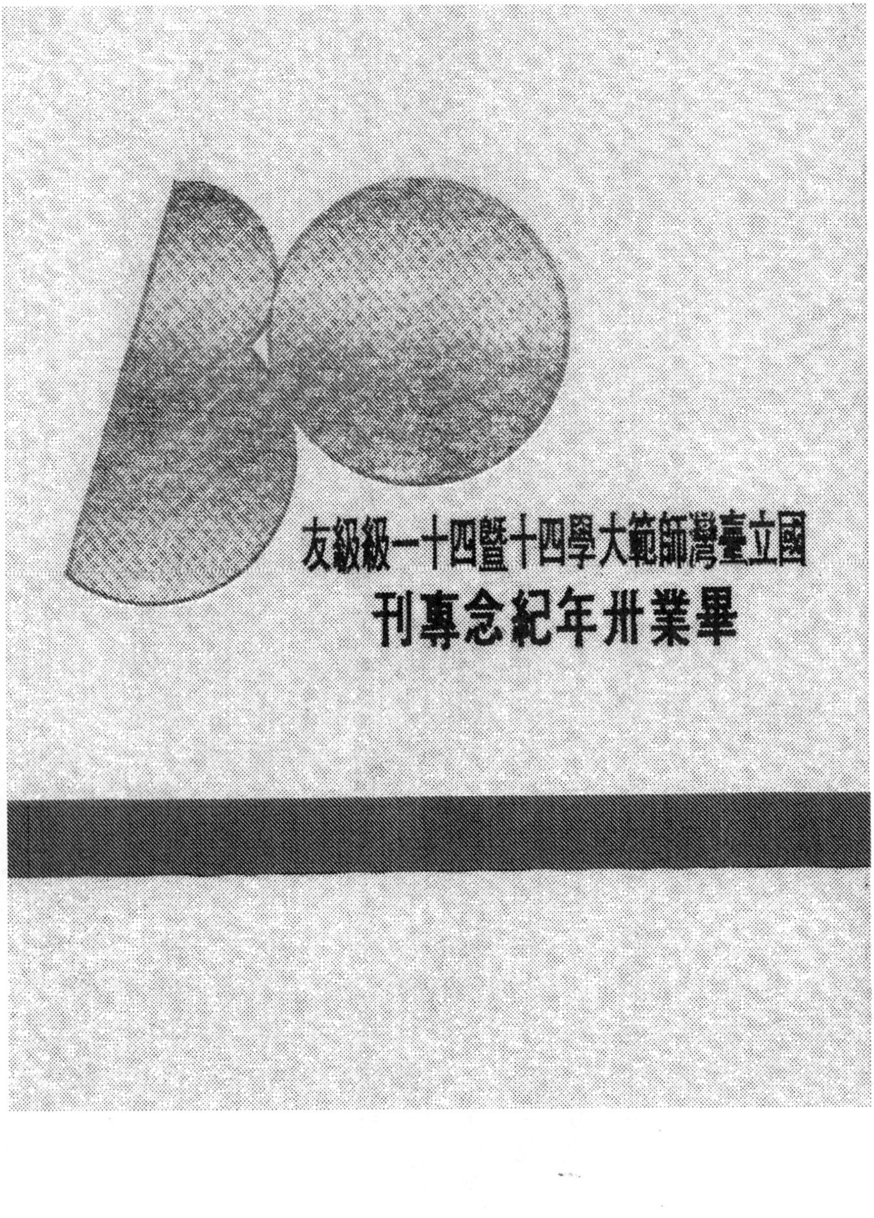
國立臺灣師範大學四十暨四十一級級友
畢業卅年紀念專刊

編後雜感

方祖燊

去年三月廿七日，我參加我們畢業三十週年慶祝大會的第一次籌備會，大家都覺得時光飛逝，從畢業到現在已經三十年了。一年三百六十五天，三十年連閏月是一萬一千一百七十幾個日子，這在宇宙來說，一閃都不到，但在個人生命來說，卻是很長的一段，我們都由青春俊美的二十來歲的青年，步入了中年，有了成群的兒女，在社會工作，也各有我們的建樹與貢獻。

那一天，我們見到多年不見的老同學，有的只是依稀相識；蓋畢業後，分散各地，就是同窗共硯，三十年沒見過一次面的也有，大家都很盼望能夠重聚一堂，敘敘別情；還有我們也非常想念我們的老師，想再一睹老師的丰采，一聆老師的笑語，也想藉舉辦慶祝大會表示我們三十年來感念之意，無日或忘。母校三十年來也有飛速的發展，許多級友也想回來看看，表示我們對母校深深的關切微忱。這大概是我們四十、四十一兩屆畢業的級友共有的心情，所以當日參加籌備會的級友一致同意召開一次慶祝畢業三十週年大會，並計畫印行「紀念專刊」，並互相推選擔任各種工作。

大家共推呂少卿級友擔任主席，成立秘書、編輯設計、康樂活動、接待住宿、膳食交通、新聞聯絡七組。「紀念專刊」的全部印製費用，共計新臺幣三十萬二千元，是由一些級友贊助捐獻（楊清波拾萬元，王道榮柒萬伍仟元，呂少卿叁萬元，林振永貳萬元，何欽恩、方祖燊、汪沱各壹萬伍仟元，李淑德壹萬元，張孝裕、許翠娥、黃老生、鍾振宏各伍仟元，林如宏貳仟元）。實在令我們感謝。林良、王道榮、何文琴、葉顯鎧和我，被推選參加編輯設計組。林良兄為召集人。林良兄在第二次籌備會議時，就提出一個編輯設計組工作計畫，另外邀請胡永壽、鄧恒泰參加，並分配了各人的工作（如附件所列），並要我負責主編，經籌備會通過。他大概是看上我曾經做過國語日報十幾年《古今文選》的主編，有點編輯書刊經驗，而且我現在的工作就在母校，要有關學校資料，與畢輔會郭世祺老師聯絡，都很方便。這次參與慶祝大會工作的級友，都是本於有錢的出錢，有力的出力，共襄盛舉。我雖能力有限，平日工作極忙，也就不敢推辭，而當仁不讓，接受了這個工作。

今年元月三十一日，二月一日兩天慶祝大會結束之後，其他各組的工作也就結束；留下未完的工作，就是我們這個編輯紀念專刊的事了。許多級友臨別的時候特別叮嚀我趕緊把它編印出來；大會又撥了一萬五千元作為經費，由我支配。由郭老師移交給我的各種資料非常繁雜，數量很多，要整理編排，至作成版樣，十分費時；將來校對，也非專人不行；因此，我和林良、涂天貽二兄商量，用五千元請一位助理編輯；五千元請一位校對；其餘五千元，購買完稿紙、洗膠卷等費用，餘下就作完稿時，最後編務會議餐敘費用。因此，我先約聘了師大國文系四年級許俊雅同學為助編、為校對。不過，我自己感到慚愧，在學校上課期間，無法抽出比較長的完整的時間來從事這個紀念專刊的工作。拖了幾個月，到了暑假，花了近一個月時間，才把全稿完成，於八月二十七日，在餐敘會上，交給王道榮兄去排字製版了。

這半年來，我們編輯小組也做了許多安排內容，蒐集資料，編寫文字的工作。

首先，我和林良兄參考上一屆畢業級友的紀念專刊，商討我們這一屆紀念專刊的內容，擬了一個大綱細目與編輯細節。

封面圖案，請胡永壽兄設計。胡永壽兄，藝術系畢業，有多年設計經驗。果然，這次紀念專刊的封面，畫面非常新穎雅致，能夠表現出我們四十、四十一兩屆級友畢業三十週年從事教育逾煉逾純的黃金精神。

歷任校長與老師代表的訓詞，大會雖然錄音，效果並不太好，許俊雅同學聽著錄音帶，整理記錄，最後請郭秘書，轉送校長與老師訂正，花了一點時間。這裏特別感謝師長給我們的訓勉，也感謝郭秘書給我們的協助。

校景部分：我認爲大家離開母校很久，母校增加了許多新建築。我想在校景部分多提供一些攝影圖片；因此我向師大本屆畢業學生專刊編輯會，借了三百六十多幀的幻燈片，理學院陳鏡潭院長也提供了分部的一些幻燈片。我看了好幾次，從中挑選了五十幀，加以說明，包羅本部與分部校區主要建築。我想級友們閒時一覽這一部分的圖片，就可以看到現在母校校區分布的情況。三十年前，母校的校景，大多成爲歷史的陳跡，有的建築物，今天已經看不到了，或改變了形貌；我又向何文琴級友借了當時畢業紀念冊，從中挑了七幅圖片，作爲回憶中的校景的內容，也可讓我們重尋往日的夢痕舊跡。

大會活動的照片，照得不少，總有幾百幅。我按著大會各項活動程序的先後，挑了數十幅，加以簡單說明。由這些活動圖片，我們可以看到這兩日難忘的相聚歡樂的盛況。

秘書處報告：包括涂天貽兄的一篇報告，說明慶祝大會的籌備與執行的經過。級友捐贈支助經費與禮品的徵信，畢輔會的楊鳳仙教官編製大會經費的賬目表等等。可以看出秘書等各組工作的辛勞，經費的收入與支出情況。

文章部分：除了特別請郭世祺老師爲本專刊寫了一篇「三十年回顧」，又請校友月刊社記者瞿子清先生專訪王道榮級友，介紹他三十年來的奮鬥與成就。另彙集「校友月刊」上刊過的林良、呂少卿、鳳志科、湯錫珩、鄧恒泰、黃元齡、何文琴、張孝裕、歐麗華等八篇大作。我自己也寫了一篇。這些文章大多是憶念母校，回想往事，也有抒發畢業三十年來的雜感，或個人在教育工作上的情況，也有些是慶祝大會的紀實。我想在閒暇時翻看，當可幫助我們回想這些往事的溫馨！

師長與級友的通訊錄部分：編輯起來，最爲困難；時隔三十年，住所都一遷再遷。現在根據最新資料編寫，有些班級缺略的仍然很多。我只好透過秘書組涂天貽兄，請各系科聯繫人補充後再寄回來。現在，通訊錄裏的地址，大體看來應該是最新最完備的一份了。

級友簡介：收有一百六十三位級友的照片與事略。簡介的文字，由何文琴級友整理。級友寄來的全家福照片有大有小，文字有長有短，又多半不用有格稿紙書寫，我們一面要計算字數，一面要顧及版面的對稱，行數的疏密，所以編排、畫版面都十分困難。編輯許俊雅在這方面花了許多時間，而盡力求版面的美觀。級友的簡介與全家福，完全根據畢輔會轉來的資料編輯，沒有寄資料來的，只好從缺。這是十分遺憾的事。不過，我細讀級友自己敍述家庭、工作與生活，都饒有情趣意味，再看看各人的全家福照片，也可見出美滿幸福的一面。這一部分應該是這冊紀念專刊中最有意義的一個部分。讀它，就像跟老友晤面傾談，還有什麼比這更有意思呢！

最後的一個部分是籌備紀錄，可以看出這個慶祝大會的籌備過程，經過九次會議而產生。

我在這裏囉囉嗦嗦的詳細介紹本刊的編輯過程與內容，目的只是希望各位同窗老友能夠喜歡它，翻看它，而時時給各位帶來比較恒久美好的回憶！

方祖燊　於民國七十一年八月廿六日

編輯設計組工作計畫（初稿）

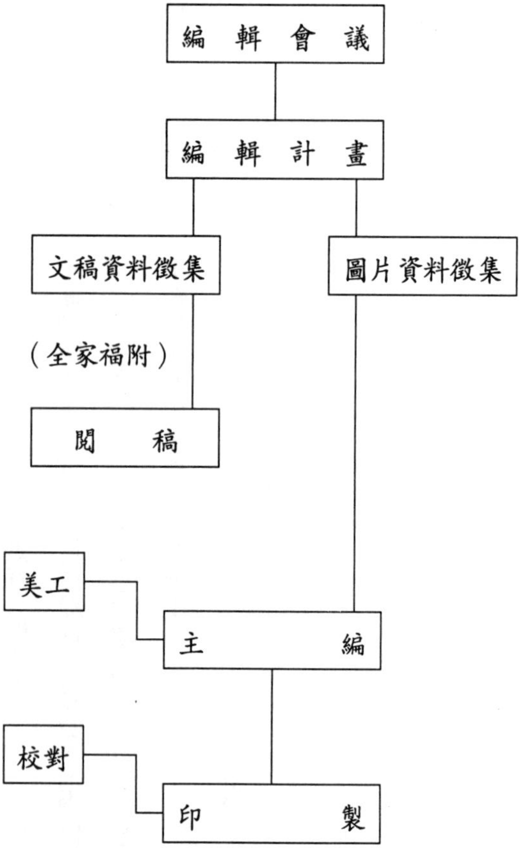

各組負責人：

聯繫人：方祖燊
召集人：林良
王道榮
主編：方祖燊
文稿徵集：葉顯鎧
圖片徵集：張孝裕
閱稿：何文琴
美術設計：胡永壽
校核：鄧恒泰
助編：許俊雅

方祖燊合家歡暨小傳

我從小有許多夢想，做工程師，做科學家，但因戰爭的緣故，這些理想都沒有實現，終究是深埋心底的夢。但卻沒有想到最不喜歡的工作是搖筆桿，是吃粉筆灰，卻成了我終身的職業。

民國四十一年二月，我踏出了母校的大門，即被國語日報羅聘為《古今文選》的編輯，從此終日泛遊浩瀚的書海之中。那時，我的工作就是讀書註文章，這一點是誰也沒有我這樣幸運的。這樣過了五年，由梁實秋院長與梁子美老師向劉白如校長推薦，我回到了母校擔任助教，又走上另一條道路。於是我就跟搖筆桿與吃粉筆灰結下不解之緣了。

文選的工作繼續了十七年，由編輯到主編。民國五十七年才辭去這個工作。我所參與註譯的《古今文選》，有精裝本六大集，約數百萬字，離開這個工作之後，我仍不斷寫作，發表文章。

回母校國文系任教，至今也有二十七年了，由助教，而講師、副教授、教授，擔任過四書、國文、修辭學、中國文學史、文學概論、新文藝習作（散文、小說、新詩的寫作理論）、荀子、陶詩、文學批評等課程；並在教育電視臺製作主講過將近兩年的大學國文，專播講舊詩。由於教學需要，也常撰寫專門論著，由勤於寫作與著述，我幾乎每年都有一本新作問世。著作有十幾種，論文近五十篇。

我在民國五十一年十月廿八日，和師大國文系畢業的黃麗貞小姐結婚。第二年生了一對雙生子，取名爲宗舟、宗苞，是期望他們能夠有清桐城派方舟、方苞兄弟的成就。內子是一位很能幹的女人，能夠內外兼顧；現任師大教授，書教得很好，甚得學生喜歡，又把家料理得窗明几淨，孩子也在她的照顧之下，長得健壯，又彬彬有禮。宗舟現讀淡江大學航空工程系，宗苞讀成功大學地球科學系。

我一生平凡，無大志，但求生活的適心，閒暇理理庭院，種種花木，讀讀閒書，寫寫雜文。不過，卻寄望我的兩個孩子將來能夠在理工方面實現我的夢想；如果不能，那也就算了。

本文作者的全家福，攝於六十二年，右爲長子宗舟，左爲次子宗苞。

《中國現代文學理論季刊》簡介

一九九六年（民國八十五年）三月，方祖燊爲臺灣中國語文學會秘書長時所創辦。他在學會下設立中國現代文學理論季刊社（臺北市泰順街二十六巷十號）出版。二十五開本，每期一百六十頁。方氏邀集臺灣十四所大學三十位學者組織編輯委員會。方氏主編。第二年獲得行政院文化建設委員會頒贈第一屆「優良雜誌獎」。第八期後，因方氏即將移居美國，辭去編務，改由邱燮友、蔡宗陽、沈謙、金榮華、張靜二五位輪流主編。內容包括寫作詩歌、散文、小說、戲劇的技巧與原理，現代中國文學史、臺灣文學史的專題，文學批評的歷史與理論，中國現代文學作家與作品研究與評介，修辭卓越的新見，語法與文學的關係，兒童文學、文學概論和中國戲曲專論各方面，以文字暢達，敘述扼要，組織嚴謹，觀點正確，創見獨到著稱。已出版十二期，刊有近兩百多篇專門論文。

中國現代文學理論季刊
MODERN CHINESE LITERARY THEORY QUARTERLY
中國語文學會 發行
第　期
中華民國八十六年九月
September 1997

我們的理想

——寫在《中國現代文學理論》創刊前

去年三月十八日，我參加臺灣東吳大學中文系辦的一次現代文學教學研討會；午餐時候，和王國良系主任，空大沈謙教授，中央研究院何大安先生同桌。何大安先生也是教育部顧問室顧問。他提到希望臺灣各大學學者，應該共同組織一個專門研究「現代文學」的學會，出版理論期刊，舉辦學術研討會，交換教學的心得與研究的成果；教育部顧問室可以支援所需要的經費。

我的好友作家臧冠華在世時候，我們兩人就商量過在報紙上辦一個文學理論的雙週刊，可惜沒有成功！何大安先生的建議，又重新點燃了我深藏心底舊日的夢想。兩人幾經電話商量，終於有了出版《中國現代文學理論》季刊的具體作法，就是在「中國語文學會」之下，設立一個「中國現代文學理論季刊社」，由中國語文學會承擔發行工作，分別向教育部顧問室、文化建設基金管理委員會，申請支援些經費。但一個高水準的學術期刊，更需要專門學者來審稿、寫稿。我進一步聯絡有共同理想的朋友，像邱爕友、張健、王志健（上官予）、張曉風、沈謙、姜龍昭、張靜二、李瑞騰、王熙元等都是學有專長的學者、著名的作家、詩人、編劇家，他們都非常樂意參與其事。後來我又陸續邀請臺灣大學的何寄澎、柯慶明、陳昭瑛，東吳大學的王國良、張曼娟、鹿憶鹿，文化大學的皮述民、翁文娴、陳愛麗，臺灣師大的黃麗貞、蔡宗陽、許俊雅，淡江大學的曹淑娟，中正理工學院的廖玉惠，中央大學的康來新，中正大學的施懿琳，彰化師大的陳啓佑（渡也），成功大學的馬森、陳昌明，中山大學的龔顯宗諸位教授，結合了北、中、南十四所大學的學者，一起構想，交換意見，決定出版《中國現代文學理論》季刊，訂定發刊的宗旨，擬定徵稿的辦法等等事情。

現在國內外各大學的中國文學系，都設有現代文學各種課程，包括詩歌、散文、小說、戲劇選讀與寫作，修辭學、語法、兒童文學、文學批評的歷史與理論，現代文學作家與作品的研究與簡介，中國現代文學史、臺灣文學史等等專門科目。有關這些專門課程可供參考的著作，還是不很多，亟待大家努力撰作。理論的建立不是憑空可成的，必然要繼承傳統的理論，我國歷史悠久，前人留下許多珍貴的寫作心得，可作我們立論的基礎；當然，還需要採擷西方理論，吸收而融化其精華。後者好像我國的插花藝術、飲茶韻味，傳入了日本，就融化成爲聞名世界的花道和茶道；前者好像西方的古典主義是延續古希臘古羅馬的文藝成果的一樣；能這樣，才能建立我國現代各種文學的新理論。中國現代文學歷史，過去臺灣因資料的不足，沒有什麼重要的專著。對臺灣文學歷史的研究，大陸爲著瞭解臺灣，有一批學者專門研究臺灣的文學，印行了不少研究著作，可以說對臺灣文學做了頗爲廣泛的研究。終因一個海峽的間隔，不能看得深澈，自不免有隔岸觀花的朦朧之感。近幾年來，臺灣學界也注意到本土文學的研究與探討，在我們的編輯群中，就有好幾位都是這方面的學者。現代中國文學歷史、臺灣文學歷史也都亟待我們整理撰述。從民國以來的作家與作品，則不知凡幾，也都需要我們研究評介給讀者，用以提高國內文學作品的水準，充實國內現代文學教學與研究的內涵，並且促使中國現代文學理論的建立與歷史的傳述，所以我們決定創辦這樣的一個季刊。

我們知道前人學術論文的表現有種種方式，有繁徵博引的，有簡要概括的。繁博的多作一家的論介，簡括的多作整體的敘述。有專作版本的探討，提供人書目；也有單從小題目入手，發表個人的卓見。有蒐集許多材料，整理成一篇專題；也有隨手記下讀書的心得，敷衍為系統性的特論。也有用考證箋釋方法，探求某問題的眞相；……。我們也希望在這個理論性的學刊中，以暢達的文字，扼要的敘述，嚴謹的組織，正確的觀點，獨到的創見，寫作一些文學的理論，饗宴讀者。

民國十六年（一九二七），徐志摩、梁實秋等人創辦《新月》詩刊時候，是大家自己出資集股來辦的。現在，我們這個《中國現代文學理論》季刊能夠在三月出版，實在應該感謝教育部和文化建設基金管理委員會的贊助，使我們的理想能夠實現。當然我們也希望這個季刊將來能夠走上自給自足的路子，這就希望讀者大衆能夠給我們熱情的支持，多多向親友子女學生推介我們這個刊物。

現在當這創刊的時候，我代表本社寫這幾句話，做為發刊辭，來表達我們的理想和希望！

方祖燊寫於《中國現代文學理論》季刊社　一九九六年一月三十日

吸收・融化・整建
——介紹《中國現代文學理論》季刊

黃麗貞

《中國現代文學理論》季刊（Modern Chinese Literary Theory QUARTERLY）是一本專門研究中國現代文學的各種問題，以建立現代文學各種理論爲目的的刊物。

民國八十四年三月間，臺灣師範大學方祖燊教授、東吳大學中文系主任王國良教授、空中大學沈謙教授，和中央研究院、教育部顧問何大安先生，在「現代文學教學研討會」上碰面，談起大家應該結合力量，組織一個「研究現代文學的學會」，出版一個專門性學術性的季刊，來交換大家教學心得和研究成果。何大安先生表示經費可以由教育部顧問室贊助。但要向內政部申請成立一個新學會，要向新聞局登記出版一個新刊物，都是相當費時的；同時學術性刊物的出版，從主編看稿、分寄學者審查、召集編輯小組開會決定用稿，到助編的整理、校對與撰稿者聯絡，美工的設計封面、封底與版面，發行的交印到發寄推廣，財務的籌畫經費與登賬報銷，文書的對外聯絡，這都需要有一個機構，提供寬敞的工作場所和有經驗的工作人員。方祖燊教授以中國語文學會秘書長的身份，認爲這事由中國語文學會來籌辦最好，因爲中國語文學會可以長期提供免收租金和水電費的辦公室，可以很少兼職待遇動用《中國語文月刊》原有的工作人員來支援。爲了要實現這個共同的理想，「中國語文學會」設立了「中國現代文學理論季刊社」，辦理登記與發行各種事宜，承擔編輯與出版各種工作，並向教育部、教育廳等機構申請一些經費。

但要辦一個高水準的學術期刊，除了經費更需要有專門學者來寫稿審稿，方祖燊專誠邀請有共同理想的專家學者共襄盛舉，從南到北有十四所大學三十位學者參與，組成編輯委員會。經過一整年努力，創刊號終於在八十五年（一九九六）三月問世。方祖燊負責主編。他在發刊辭〈我們的理想〉中說：

> 現在國內外各大學中國文學系，都設有現代文學各種課程，包括詩歌、散文、小說、戲劇選讀與寫作，修辭學、語法、兒童文學、文學批評的歷史與理論，現代文學作家與作品的研究與評介，中國現代文學史、臺灣文學史等等專門科目。有關這些專門課程可供參考的著作，還是不很多，亟待大家努力撰作。但理論的建立不是憑空可成的，必然要繼承傳統理論和採擷西方理論，吸收而融化其精華，這樣才能建立新理論。

他認爲現代中國文學史、臺灣文學史的撰述，現代作家與作品的評介，也都是這個刊物要論介的內容。

現在《中國現代文學理論季刊》已出版九期，爲撰稿的有海內外各地三十多所大學六十多位學者，共刊載一百零八篇論文，約一百萬字，有「現代文學史，寫作技巧探討，修辭學，作家作品研究，文學理論，評論詩歌、散文、小說與戲劇，西方文學思潮和文學教學實驗」等等專題。寫得較多的有方祖燊、黃麗貞、邱燮友、沈謙、皮述民、姜龍昭、許俊雅七人。「一百零八篇論文」就像《水滸傳》裡的「一百零八條好漢」，各有其面目與內涵，有許多是採驪得珠卓有創見的文章，有許多是材料豐富精鍊謹嚴的文章，可供教學與研究參考。爲鼓勵青年研究現代文學，第五期開始特別選載一兩篇研究生優秀的專論。

選入《中國現代文學理論》季刊的作品，一直維持著嚴格的審稿制度，來稿都請兩位專門學者審查，以維持一定的水準。季刊最初由方祖燊一人主編，後因編務繁重，由邱燮友、方祖燊、沈謙、金榮華、張靜二組成主編小組；最近方祖燊因計畫出國辭去編務，第七期起由蔡宗陽接替；也由這一期開始改由五人輪流主編。稿件除了來自國內的學者外，也有來自大陸、韓國、新加坡和美國的。這本高水準的學術刊物，漸漸受到學術界的注目，並在去年獲得行政院文建會的第一屆「優良文學雜誌獎」。

「中國語文學會」的經費原就拮据，學會中工作人員只有專職三人，兼職一人。《中國語文月刊》已發行489期，每期發行量五、六千冊，本身工作已極忙碌。《中國現代文學理論》季刊的各種事務，也在這有限的人力的支援之下按期出版。因爲它專業學術性過強，一般讀者群不易拓開，直接訂戶大多是大專院校國文系所的圖書館；臺北國家出版社爲之總經銷，每期零售也很難超過五百本；國外因爲小額匯款不便，無法找到直接訂戶；只好採取寄贈國外圖書館的方式來散播刊物，每期數在五百本左右。這是現在經營上尚無法突破的瓶頸。現在出版的經費與稿費是由政府贊助。幸好支出少，主編義務，工作人員只付一些津貼；經費雖然有限，尚能維持。臺灣在海外一些文教機構，如果有意代銷《中國現代文學理論季刊》，請撥（02）23634195電話，和中國語文學會聯絡。

一九九八年四月刊於《文訊》別冊

《中小學學生寫作獎專輯》簡介

中國語文學會（臺北市泰順街二十六巷十號）於一九五三年（民國四十二年）二月創立，到今天已經有四十五年的歷史，以輔導語文教育爲宗旨，出版《中國語文月刊》爲國語文老師提供一些教學參考的文章，給學生編寫一些有益身心的作品。爲了鼓勵青少年寫作的興趣，提高他們寫作的能力，每年都舉辦學生寫作徵文比賽。以往因爲經費有限，入選的小作者只能贈予很少的獎金，作品分期在月刊上刊出。方祖燊爲中國語文學會秘書長後，一九九一年（民國八十年）開始向教育部和文建會申請經費補助，向全國中小學校徵稿，由每所學校推薦一篇，並聘請教育學者、文藝作家一起評審，從各校推薦來的幾千篇優秀的作品初選、複選及決選，最後選出了六十五篇最傑出的作品，編印爲一部二十五開本、三百多頁《中小學學生寫作獎專輯》，畫家蔡文恂女士爲設計封面和插圖。入選的都給予獎金和獎狀。專輯則寄贈給全國各中小學校與有關的教育機構。至今已舉辦了七屆，出版了七冊專輯，收了四百五十五篇非常精彩的青少年的作品。

中小學學生
寫作獎
得獎作品專輯
中國語文月刊社印行

《中小學學生寫作獎專輯》

方祖燊

「中國語文學會」，在民國四十二年二月成立，到了今天已經有四十年的歷史了，下面設有月刊社，出版《中國語文月刊》，至今已經發行到四百三十期。這對於從事語文教育的老師，對於喜愛研讀國語國文的學生，有非常大的幫助。四十年來，《中國語文》月刊，已經深入到全國各中小學校，我們除了感謝大家支持之外，也努力不斷隨著時代的進步，不斷革新《語文月刊》的內容，希望能夠給老師提供一些教學參考的資料，給學生編撰一些有益身心的作品。我們還爲了鼓勵青少年寫作的興趣，提高青少年作文的能力，每年都舉辦學生寫作徵文比賽。以往因爲本會的經費有限，入選的小作者，我們只能贈予很少的獎金，作品也只能在《中國語文月刊》分期刊出。

不過，我們仍然盡力按年辦理，爲語文教育盡一分微薄的心力。但爲了把「中小學學生寫作獎」辦得更好，前年我們特別向教育部和行政院文化建設委員會申請補助，很幸運的，得到他們的經費支援。有了這一筆經費，因此我們可以增加給獎名額，可以提高獎金，可以把入選作品編印專輯。臺灣新生報和國語日報也樂於共襄盛舉，願意提供寶貴的園地，刊登入選的作品，也給我們許多鼓舞。前年，我們就忙著辦理徵稿，我們首先致函全國每一所國民小學、國民中學、高級中學、高級職業學校，請求校長推薦一篇學生作品。感謝許多校長熱心的協助，我們能夠從各地寄來數千篇優秀的作品中精選，我們聘請教育學者、文藝作家一起來評審，經過初選、兩次複選，再經一次決選，才決定六十五篇傑出的作品，末附評選意見，並請畫家設計封面和繪製插畫，編印成三百六十多頁的《中小學學生寫作獎專輯》，內容精彩，印刷也十分精美。去年我們一共印了六千本，免費寄贈全國各中小學校與有關的教育機構。專輯寄出之後不久，就有不少學校的老師與學生的家長，紛紛來電話詢問：「怎樣才可以買到這一本專輯？」但由於印刷費用是教育部和文建會所補助的，我們在版權頁註明是「非賣品」。由於經費有限，我們也無力加印贈送，有負大家喜愛，實在感到歉疚！

最近，我們接到一些得獎學生家長的電話，說：河北美術出版社臺灣全權代理人某某，從高雄寄了一份「版權讓渡同意書」給學生簽約，說：他們從國語日報上選了他的作品，編印一本《臺灣小學生獲獎作文百篇》，要在大陸印行。從這件事可以反映出，我們去年所入選的作品，是有相當高的水準，才會引起一些商人的選印。

去年，我們又舉辦第二次中小學生寫作獎徵文活動。有些學校反應：我們的學校大，班級多，只能推薦一篇應徵作品，是不公平的，要求多寄一兩篇。所以本會又作第二次徵稿，因此有的學校又再補寄一些學生作品來。去年下半年，我們的徵文活動，各中、小學校寄來的應徵作品，比前年增加了許多，所以作家和專家評審工作，延到了去年底才完畢；今年一月，評審委員開決審會議時，對於去年寄來應徵的作品，都一致認為水準更高，限於名額，對於許多佳作不能入選，我們深深感到遺憾。

入選的這些好文章，我們已經編輯成冊，經過打字、校對、印刷、裝訂，已經於三月出版了，可以作爲國家語文教育和社會文化提昇的一個成果。那部已經問世的好書，仍像去年一樣的免費寄贈各中小學校及相關的教育機構與得獎人。今年，本會請中國語文月刊社籌措一部分的經費，加印一千冊，略收一些成本費及郵費，以饗愛讀好文章的老師、家長和青少年。在我們聽多了國語文水準低落的感慨下，請來看看我們這些小作家，如何用他們銳敏的眼，善感的心，巧妙的手法，揮灑出他們眞摯的性情，你會覺得，我們的語文教育，成果豐碩，又充滿了希望。

《教育家的智慧》簡介

一名《劉眞先生語粹》，一九九五年（民國八十四年）四月十六日，臺北遠流出版事業股份有限公司（臺北市汀州路三段184號七樓之五）出版，二十五開本，二百九十三頁，劉眞著，方祖燊輯。

劉眞先生是我國當代著名的教育家，曾任臺灣師範學院院長、師範大學校長、臺灣省教育廳長、國立政治大學教育研究所所長等職，著作極多，對教育與文化有許多卓見。數年來，方祖燊教授從劉先生的各種著作中，採擷其菁華，剪裁爲短章，在《中國語文月刊》刊出。現在彙編了起來，由遠流公司出版，分做「人格與修爲，生活激勵，談讀書，語文修練，知識殿堂，培育幼苗，人師典型，全方位教育，教育省思，徜徉文藝花園，公僕風範，人文傳統之美，全民之師，放眼世界」等十四類，共兩百則。每一則都有個小標題，短的一百來字，長的三、四百字，篇篇文字精彩，充滿著智慧，是極佳的勵志小品。

教育家的智慧
方祖燊／輯
鄭石岩／推薦
L·H·T·W

從教育家的語粹裡汲取教導的智慧

鄭石岩

從多年心理諮商和教育工作經驗中，我發現人若能經常閱讀偉人的傳記、札記和短文，志氣就受到鼓舞，心靈就受到啓發。生活適應能力、解決問題的才思和情感的調和，都將獲得提升。

多年來，我一直力行一種心靈體操，每天清晨起床，一定做三件事，用以培養心志力量，維持好的生活品質和工作毅力。它是：

・眼睛張開第一個念頭是：今天要歡喜振作地生活，要活得有價值、有意義，並作祈禱。

・念一篇或數頁勵志的文章，豐富滋潤心靈，激勵自己的志氣。

・作一刻鐘運動，以培養身心活力。

這樣的心靈運動很管用，所以也將它推薦給許多朋友。無分年齡職業，試行一段時間，他們也覺得精神振作，受用很多。這三件事代表心、願、力三個因素，其中最重要的是心和願兩者，這可以從閱讀勵志的書籍獲得培養。

近年來我常對各級學校教師演講，不免也談起讀勵志文章的好處。古文說：「三日不讀書，面目可憎。」這句話很眞實，教師如果疏於讀書、進德修業，可不只面目可憎，還會貽害學子。

對於教師而言，要覓得一本可以隨時翻閱的勵志書籍並不容易。所以每當談及讀物時，我總鼓勵大家留意蒐集，經常玩味閱讀。

最近我拜訪劉老師白如先生，閒聊之餘，他取出方祖燊教授所輯的「劉眞先生語粹」初稿。我覺得頗適合給自己當心靈體操的讀物，於是借閱拜讀。與內子一起討論玩味，從中得到諸多啓示。尤其許多教育卓見，歷久常新，讀之頗多受益。於是敦請老師早日出版，好作爲教師的勵志讀物，並建議將書名訂爲《教育家的智慧》，而以「劉眞先生語粹」爲副標題。遠流出版公司王榮文先生，亦爲師之高足，爭取將本書列入該公司勵志館出版，聞之更爲欣喜。

白如先生是我國數十年來，具教育智慧與卓見的教育家，對教育發展著有貢獻。他經歷過戰亂，而孕育出無私的大愛；經過台灣地區篳路藍縷興辦教育的體驗，而激發其堅卓的毅力與創見。

白如先生於民國三十八年至四十六年間，擔任台灣師範大學校長，爲我國師範教育奠下宏基，培養優良師資，發揚傳統師道。民國四十六年至五十一年間，擔任臺灣省教育廳長，積極興辦各級各類學校，創立教師福利制度，興建教師會館，辦理初中免試常識，推動文化建設等，其功甚偉。五十一年至八十一年間，擔任國立政治大學教育研究所教授及所長，致力教育研究及培養高級教育人才。五十六年起並曾兼任國家安全會議文化組主任長達二十四年，對國家建設大政參贊甚多。

他的一生奉獻教育，功在國家，其辦學尤重人文教育，培養學生誠正勤樸的品格，爲一代教育宗師，故於民國七十八年，獲行政院特頒中華民國文化獎，以表彰其對教育與文化的卓越貢獻。

由於劉師對我國教育、政治及文化貢獻殊多，故中央研究院近代史研究所特訪問其生平事略，成

《劉眞先生訪問紀錄》一書，足見其在近代史上的地位。

如今他已八十一歲高齡，耳聰目明，神清氣朗，仍主持教育部人文及社會學科教育指導委員會，並擔任中華民國中山學術文化基金會董事長、中國語文學會理事長等職。積極推動文化教育事業。其處世爲人，殊值教育工作者師法。

本書從其百餘種著述中摘錄菁華，頗能代表其思想與智慧，是一本能發人深省及自惕自勵的語粹。我相信每一位教育工作者，都可以從中獲得不同的啓發。當然，這本書也會成爲我心靈體操的讀物。

基於好書大家讀的理念，我推薦這本書給所有的教育及文化工作者，並期許從中獲得教益。

【推薦人簡介】鄭石岩先生，國立政治大學教育學碩士，美國俄亥俄州立大學研究，現任職教育部訓育委員會常委，並任教於國立政治大學。平時除從事實際心理諮商和教學研究多年之外，對佛學及禪學素有修持，見解精闢，是集心理學、教育學及禪學於一身的作家。著作豐富，包括：《清涼心菩提行》、《禪・生命的微笑》、《覺・教導的智慧》、《禪・生活與工作》等書，是積極入世，以書度人的最佳見證。

朱序

朱匯森

我最近拜讀《教育家的智慧》稿本，每篇皆言之有物，鞭辟入裡，使我獲益良多。「語粹」是方祖燊教授從劉眞先生一百多種著作中摘錄菁華，剪裁爲短篇文字，按期在《中國語文》月刊上刊載。近爲便利讀者，彙輯了兩百則，印成一冊。內容包括中西文化、人文思想、教育理念、傳統師道、立身處世、治學方法等主題。每篇由博而約，都是劉先生數十年治學、研究、辦學、從政豐富經驗的凝聚。忠告善道，言簡意賅，實如暮鼓晨鐘，發人深省，較《菜根譚》等書，更具時代意義。對青年學生及公職人員，均富啓迪作用。

荀子說：「眞積力久則入。」劉先生爲我國當代大教育家，望重士林，學養早臻「眞積力久」的境界。其「語粹」之出版，一定風行草偃，深獲讀者之心悅誠服！欽佩之餘，謹書數語以爲序。

民國八十三年教師節於臺北

【本文作者】朱匯森先生，曾任教育部部長，國史館館長。

《教育家的智慧》目錄

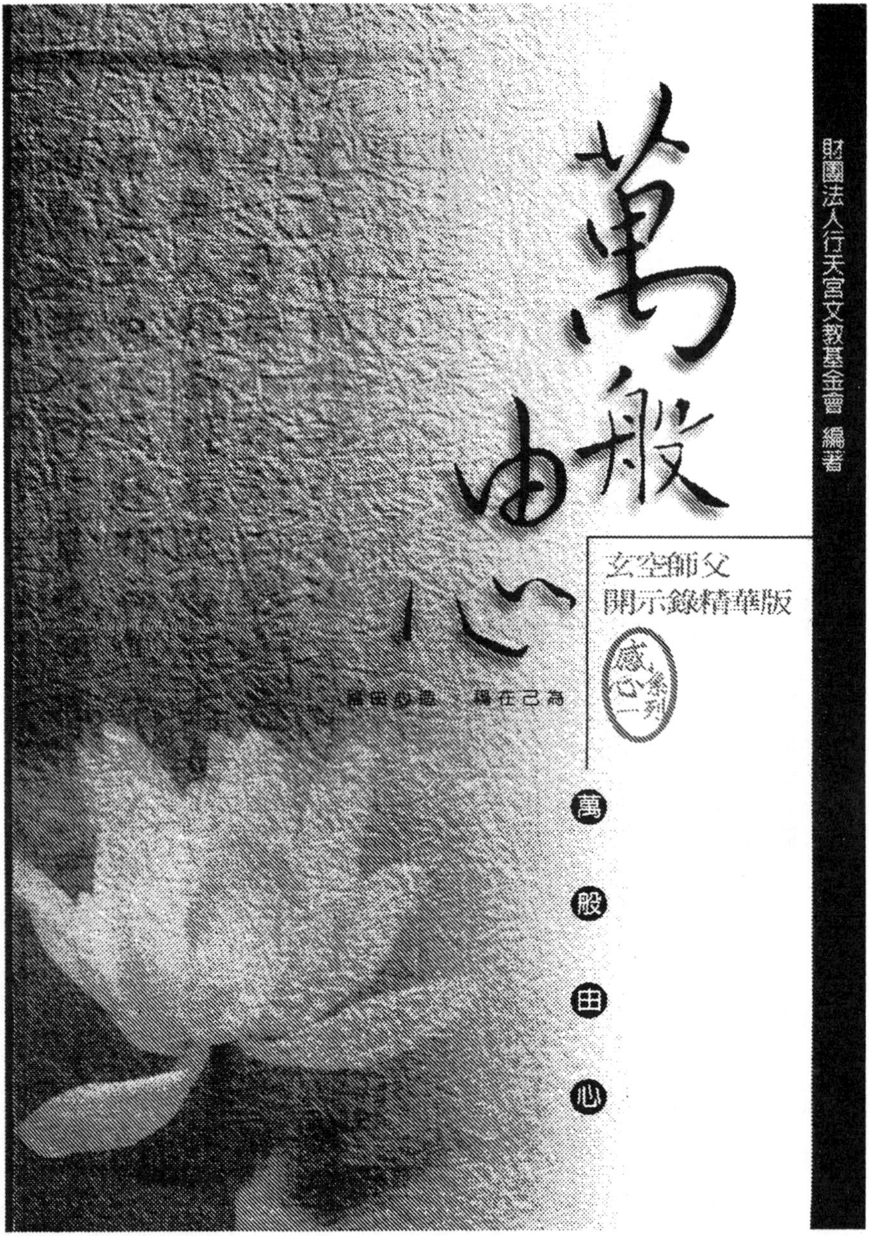
萬般由心
財團法人行天宮文教基金會 編著
玄空師父
開示錄精華版
感
系列二
禍在己為
萬
般
由
心

玄空師父《開示錄》——《萬般由心》序

——民間宗教家

方祖燊

這個世界上，一切文化與文明，都是由人類所創造的。樓房、道路、工廠、學校、醫院、圖書館、寺廟、博物館、城市與鄉村，都是人類所興建的。學術、文藝、科技、道德與宗教，也無不是人類所創造的。文化是人類自己建構的，歷史是人類自己寫成的；甚至「神」也是由人自己的道德、功業或言行造成的。行天宮奉祀的 關聖帝君，就是由於他能盡忠行義，因此受到大家敬拜，尊奉為神。黃欉居士說：「我們只要力行道德，愛人助人，服務社會，就都有可能成為神啊！」

大約一年前，行天宮文教基金會將黃欉居士對信徒講道的語錄五十講送來，要我為之整理。我拜讀之後，深為他「神道設教」之心所感動！在今濁亂的時代，他闡述五倫八德、誠意正心、慎獨反省、守法愛人之理，勸人清除污穢的邪心，效法神明的清淨心；這樣，自然心理快樂，身體健康，家庭幸福，工作順利，生活也就平安多福了。他循循善誘，講了又講，誨人不懈，說了又說。於是有五十講、有一百講的《玄空師父開示錄》。讀過之後，覺得黃欉居士是一位獨行特立的奇人，也是熱心教化眾人的宗教家。

黃檥居士，道號玄空，生於一九一一年，今台北縣樹林鎮南園里人。他在白雞山經營煤礦，爲礦業界鉅子。一九四三年，前往行天堂參拜，受到恩主公感召，從此以後宣揚　關聖帝君的大教，整飭人心，匡正世風。一九四九年在所經營煤礦旁建「行修宮」。一九五八年，他擔任行天宮總住持，規畫在臺北、北投、三峽興建行天宮三宮。他出資購地，招工興建，以個人龐大的資金挹注投入，這和其他寺廟靠信徒捐錢興建的完全不同。建宮事非常繁瑣，買地、租地已極費時，廟貌的選擇、工程的進行，都親自辦理，盡心竭力，夜以繼日，終先後順利完工。可以說行天宮三宮的寸土片瓦都是黃檥居士的心血結晶。

行天宮三宮的建築莊麗宏偉，寬敞舒坦，足可藉此宣揚　關帝聖教，提倡五倫八德，鼓勵信徒修德敬神、禮拜誦經、懺罪悔愆，以發揚其善心；也可以爲信徒收驚、祭解、消災解厄、作博施濟衆、慈善奉獻的事。

一九六八年，成立「財團法人台北市行天宮」。董事會成立後，他爲獎掖後進，堅辭董事長職務。功成不居，謙退自得，大家都非常欽佩尊敬他。一九七〇年元月，黃檥居士又將他個人所有行修宮的全部廟產捐贈行天宮。他痛惡一些宗教「藉神斂財」，在講道時公開勸說信衆不拜牲醴、不焚化紙錢、不謝金牌、不演戲，宮裡更不設功德箱，也不對外勸募。他只不斷對信徒大衆講述聖道，勸說篤行道德。

這一年十二月十八日，黃檥居士走完人生的路程，享壽六十歲。一九七二年十月，行天宮爲紀念他的貢獻，在行修宮旁建明德堂奉祀，並入祀北投分宮崇德堂。黃欉居士的一生，自奉儉樸，事親極孝，守德履仁，澹泊名利，親睦族人，注重公益，以篤行　恩主公的忠義，傳布　關聖人的大道，做他後半生的事業。他爲兒子取名「忠臣」，蓋期望他能做　關聖帝君的不二「忠臣」。

黃忠臣先生果然名副其實，追隨了他父親弘揚　聖教和服務社會的熱忱。一九八〇年接任行天宮附設圖書館志工館長，一九八五年被選爲行天宮志工董事長，不但出力且經常出資贊助公益活動。圖書館包括敦化本館、松江分館和北投閱覽室，共有藏書十八萬冊，讀者借書、還書完全自動化，非常方便。

一九九五年，成立「財團法人行天宮文教基金會」以開展宗教、醫療、教育、文化、慈善五大志業，來宣揚德教，淨化人心，服務社會。爲青少年舉辦校園、研習、講座的活動；和聯合報合辦「家庭『心』關係」徵文，專刊溫馨的小故事；出版《行天宮通訊》月刊，傳播倫理道德；頒發清寒與資優學生的助學金。

一九九〇年十月二十日，行天宮董事會通過興建「恩主公醫院」，擴大服務的範圍，由黃忠臣負責籌建。董事會將醫院用地及三億元新臺幣，捐贈給財團法人恩主公醫院。興建大醫院是非常困難的，它需要極龐大的經費。醫院從籌畫、到興建、到完成，前後整整九年，不是有非常堅毅的意志，是很難能成功的。黃忠臣先生說他自己，曾經沮喪、灰心，甚至有辭職不幹的念頭！可是一想起黃欉居士生前訓勉的話：「只要對社會有益，就是再辛苦也要去做！」又鼓起勇氣繼續堅持下去。行天宮建立至今，已有半個世紀，擁有數百萬信眾，建院期間前後有七十多萬筆共約十五億元的捐獻。經過長長的九年，大家拼命努力，恩主公醫院終於在一九九八年三月三日落成開幕。而三宮的代收捐款作業，及醫院籌備處之劃撥專戶，則早於一九九七年十一月二十九日停止和取消。

這所坐落於臺北縣三峽鎮復興路的綜合性大醫院，地上十七層、地下四層，聘請臺大醫院前副院長陳榮基教授擔任院長。內分二十六專科，有臺大轉來數十位一流的主治醫師，設有三百八十六張病床，有各種最新的醫療設備，大大提高了三鶯、樹林等地區醫療的品質。

最後，我仍要說：黃欉、黃忠臣父子兩人，都想改造人類的心靈，都想創造完美的社會；都是充滿著理想，熱忱的社會工作者與宗教家。

民國八十七年五月二十日

第三輯

方祖燊作傳記、書序與論文提要。

1995年梁容若先生伉儷影于美國印州寓所

《梁容若老師傳》

方祖燊

一、一聲喝斷當陽橋

梁容若老師，字子美，清光緒三十年（一九〇四）七月八日，生於河北省行唐縣滋南鎮。縣立第一小學畢業之後，進入河北正定縣中學，和張季春爲同學。張季春智慧風趣，是最上游中最上游。他們曾一起參拜正定人的趙雲廟；從南關看法國工程師修的京漢鐵路的滹沱河長橋，走過去要花二十多分鐘；季春想學工程。他們兩人在橋上長嘯，學唱當時當地的軍歌說：

還有那張翼德，一聲喝斷當陽橋，希流花拉，橋塌兩三空，嚇退百萬兵！

鐵橋沒被喝斷，嗚嗚的火車來了，他們只好躲到路邊，感到自己的滑稽渺小。老師李仲武認爲他畢業後該去學文學，可以學好梁任公一派的文章，將來可以成爲古文名家，不應該遷就季春去學工程。

正定有許多塔，天寧寺的木塔高十六丈，分十三層，北宋建築。東城法國天主堂的鐘樓也很高。還有開元寺的磚塔、廣惠寺的花塔、臨濟寺的青塔。一般人都認爲我國的塔莊嚴華貴，美不勝收；他卻認爲除了勞民傷財，有什麼用呢？單是點綴風景，紀念和尙，似乎小題大做，所以他說：「要是他學建築，修橋造屋不修塔；作醫生，治好人不治壞人；做軍人，禦外侮不起內亂；作文人，不爲奸雄民賊利用。」季春則以爲「橋走好人，也走壞人；醫治聖賢，也治奸匪。」中學畢業時，他第二名，張季春第一名，分數差零點五。他兩人常一起在散步時溫習英文生字，上城頭背數學公式，智力程度差不多，友誼深，誰也不妒忌誰。

二、在北師大辦《注音兒童週報》

民國十一年（一九二二）夏，他十九歲，中學畢業。張季春進入北洋大學學工程；後來爲水利工程師，治汾河渭水，擔任四川省水利局局長。梁老師進入北平高等師範國文系；北平高等師範，不久改制爲北平師範大學。他在北師大讀了六年（當時學制是預科兩年、本科四年）。

北師大校址是在北平琉璃廠，范源廉爲校長。民國以來，范源廉作過六任教育部長；他聘請名人如梁啓超、蔣方震、黃郛等來校作兼任教授，大規模栽種花木，把以爲不長草木的琉璃窯舊址，美化成綠蔭遍地，百花爛縵；他認爲辦教育要從小學開始整頓；小學辦好，才能有好中學；中學辦好，才能有好大學。

民國十二年（一九二三），錢玄同和黎錦熙兩位教授，提倡國語、鼓吹注音。梁容若老師就和同班王錫蘭、蘇耀祖創辦一份《注音兒童週報》（由北京中華書局發行），石印四開一張，全部手寫注音，銷售給師大女師大附屬小學學生，每期約賣兩千份。這是他讀預科二年級時的事，約當現在高中三年級。

三、三一八慘案，范士榮殉難

梁容若老師在北師大的同學中，和范士榮交情最深。他在《琉璃廠日記》裡說：「士榮讀書多，有見解，愛惜分陰，孜孜不息，絕塵而奔，不可及矣。」他喜歡下圍棋。范士榮勸他說：「體力勞動者可以下棋爲娛樂，讀書人應以運動散步爲娛樂。功成名就之老人閒人可以下棋，青年學生就沒功夫下棋。人要看自居何等，孫皓、陳後主都是風流雅士，無救國破家亡。我們要學燒琉璃窯的炭，粉身碎骨都不顧，但留光熱在人間！這是國士型，憂樂關係天下。」

民國十五年（一九二六）三月十八日，日本等列強壓迫我國政府。北京學生民衆在天安門集會遊行；臨時執政段祺瑞下令開槍，造成四十七人死亡，兩百多人受傷的「三一八慘案」。臨時執政政府因此垮臺。范士榮不幸在這慘案中殉難。梁老師說：「久欲爲文，述他行誼，而每一執筆，輒淚涔涔下。」范士榮，昆明人；錢玄同教授爲作墓碑上的紀念文。

梁老師大概在進入大學不久結婚，大女兒其鐸在這年出生。他第一次婚姻的結局，未見老師談起。

四、梁容若老師的老師

據梁老師自訂年譜，他的啓蒙老師馬成基先生是前清的秀才；中學老師李林奎先生是前清的拔貢，能作詩詞古文：奠定他舊文學基礎。他對國語與國文的紮根，那是在北師大國文系時候，老師都是名家，錢玄同教文字學聲韻學，汪怡教國語發音學，黎錦熙教國語文法和修辭學，朱希祖教文學史和樂府詩，楊樹達教漢書和韓非子，魯迅教中國小說史略和文學批評，梁啓超教中國文化史，黃侃教說文解字和爾雅，袁同禮教圖書目錄學：奠定了他非常踏實的治學基礎。當時各界人士留學日本很多，北師大教授像錢玄同、朱希祖、魯迅等也都留學日本。清末以來留日為一時潮流，梁老師在大二就開始學日文，後來又自修了好幾年。

五、西走綏遠參加革命

民國十五年（一九二六），北洋軍閥吳佩孚分佈河南、湖北、湖南、四川、貴州各省，兩廣也有些殘餘力量；孫傳芳盤據江蘇、浙江、安徽、江西、福建五省；張作霖控制東三省、河北（直隸）及北京。這三個軍閥共有八十萬兵力。七月，蔣中正先生率領國民革命軍開始北伐。當時知識青年紛紛拋棄學業，南下或西走參加革命軍。民國十六年，梁老師由北京政分會介紹，前往綏遠，參加國民革命軍左路總指揮的軍隊，做政治教官。他冒險通過平地泉（集寧），脫離張作霖的勢力範圍。他覺得革命勝利，易如反掌。明人有詩，寫綏遠說：

雁門關外野人家，不植桑榆不種麻。百里並無梨棗樹，三春那得桃杏花。六月雨過山頭雪，狂風遍地起黃沙。說與江南人不信，早穿皮襖午穿紗。

他說當時綏遠還有很多合抱榆樹；杏花穀雨節開，綏遠的翟家花園，薩縣的水澗溝門，陝壩的天主堂，都以杏花著名；詩有「春風十萬散榆錢」。綏遠人在野外勞動，早晚都穿皮襖，中午上身赤膊下穿皮褲，紗在塞外是沒用。

民國十七年（一九二八），他大概隨革命軍進入北平，接著擔任國民黨北平市黨部秘書。這是他擔任黨職的開始，也是他和黨發生密切關係的開始；這種關係到北平爲日軍佔領，而仍持續存在，爲黨做一些地下工作。

六、在濟南主編《民衆週刊》、推廣平民教育

民國二十年（一九三一），梁老師在河北保定省立第二師範學校任教。隨後在河北大學主講文學概論及中國文學史。不久，大概由錢玄同教授推薦，前往濟南，主持山東省立民衆教育館研究實驗部，主編《民衆週刊》，銷至三萬多份；並選擇週刊中精華，編爲注音民衆叢書，全部橫排注音，出版了二十多種；並舉辦民衆教育班、暑期鄉村工作講習會，從事平民教育的工作。

七、和傅靜如女士結婚

民國二十三年（一九三四）六月，梁老師奉父母之命、媒妁之言，回北平和傅靜如女士訂婚，作有〈北京西郊極樂寺親友紀遊詩〉說：

寺是極樂寺，花是凌霄花，人是意中人，瓜是哈密瓜。知了千千萬，齊唱夕陽斜。都在不言中，展眉品清茶。

訂婚後幾個月，他在濟南生病，住進齊魯大學附屬醫院，綿延三個月不能起床。他覺得痊癒無望，怕留下師母感傷，耽擱青春，力疾寫了一封決絕信，連同訂婚書和照片，一起寄還給她；師母一接到信就從北平趕來濟南照顧他。齊魯醫院是教會辦的，在風氣尚未開通的當時，是不容許未婚妻看護病人。她的哥哥也趕來濟南才把她勸回北平。他又經過一個多月的治療，終於康復。

民國二十三年（一九三四），梁老師離開濟南，出任河北省教育廳編審處主任，兼秘書、督學主任。錢玄同教授不大贊同，認爲他到教育廳是做官，在濟南是做事。不過，他仍盡力爲國語運動貢獻一份心力，幫汪怡教授校對《國語大辭典》，在北平教國語國文。二十八年（一九三九），錢玄同教授逝世；他作輓詩有「曾孤雅望離青濟，猶抱殘篇誓死生」之句。

民國二十四年（一九三五）夏，梁老師和傅靜如女士結婚，定居北平。

八、留學日本東京帝大

就在梁容若老師結婚的這一年冬天，河北省教育廳廳長何基鴻，出身日本東京帝國大學，鼓勵梁老師去日本留學，省政府給他兩年公費補助，每月支八十元。他這時三十一歲，結婚才半年多。替他寫推薦函的是前北師大國文系主任楊樹達先生。楊樹達和日本學者鹽谷溫，都是王先謙、葉德輝在長沙的同門。鹽谷溫，東京人，出身漢學世家，著有《元曲研究》和《中國文學概論講話》（孫俍工譯，開明本）。楊樹達畢業於日本第一高等，當時東京帝大教授、副教授不少是他的同學，再加梁老師在《小說月報》和《東方雜誌》發表過文章，申請很快就得到答覆。他就一人前往東京。

民國二十五年（一九三六）四月，梁老師考入東京帝大文學部大學院，研究《中日文化的相互影響》。鹽谷溫爲他介紹日本文學系的藤村作博士，史學系的辻善之助博士共同指導。辻善之助又是日本史料編纂所所長，是研究中日文化交流史、日本佛教史及儒學史的權威。鹽谷溫並介紹他寄宿律師荻原榮太郎家的樓上。荻原有三子二女。

梁老師說：中國留學生在東京分爲兩類：一是遊學派，西裝畢挺，東逛西吃，住一個時期，買一張證書回去騙人；一是留學派，穿制服上課，聽講應考，不論學什麼，和倭人一樣。他去神田買一套青布制服制帽。

東京帝大校門，叫做「赤門」；門內路旁有兩行銀杏樹，高大茂盛，田田鴨腳，如萬扇遮天，嫩綠欲滴。當時東大的學生有兩萬八千人，約當北大的十倍。校內櫻花、躑躅花，盛開時極美。他這時訂了《中央公論》、《改造》、《支那學》、《日本評論》、《斯文》、《東洋學報》、《史學雜誌》、《民俗學》、《書誌學》、《書物展望》十種刊物，有報導時論，文史學術，消遣讀物，儘可消磨時間了。

鹽谷溫教授嘗題一小詩相贈：「萬里浮槎渤海雲，蓬萊秀色笑迎君。紛紜世事何足論，不似銜杯共論文。」他當即依原韻，回了一首：「銷盡青山是白雲，峰巒踏破喜逢君。樽前豔說吳加亮，男兒嶔奇不謚文。」他們談論中國小說《水滸傳》之類流傳日本的情況。吳加亮，就是《水滸傳》中智多星吳用。

梁容若老師的哥哥子青先生也是留學日本。他們和我國駐日大使館參贊楊雲竹過去在國內就是熟朋友。他到東京後時常和楊雲竹一起渡週末，一起到熱海、箱根、鹽原各地旅遊。有一次，楊參贊跟梁老師談到廣西派李宗仁、白崇禧高倡反日，主張對日宣戰；一面派一少將代表，在日本購買飛機。梁老師聽了，他發一通電文給上海中華日報刊登出來，大體勸李、白兩人應該到中央服務，並撤回駐日代表。沒想到，卻引起日本東京警視廳亞細亞系特高科的注意，約他去談話，出示一份調查他的擋案，包括他在河北教育廳擔任督學，以及和駐日大使館楊參贊過從甚密，並提醒他：「現在是在日本法律約束之下，雖然你經常出入中國大使館，但你不受治外法權的保障，所以言論不可逾越留學生的身份。」

九、中日局勢惡化

當時，日本軍閥以武力爲後盾，不斷對我國提出無理的要求。民國二十五年（一九三六）九月，駐法大使顧維鈞和駐英大使郭泰祺等人，致電外交部報告：「日本川越大使提出條件，其範圍超過二十一條之要求，直是日本滅亡朝鮮的故技。」顧維鈞二十九日在國際聯盟大會發表演說，呼籲各國注視遠東的危險局勢。但日軍仍在我國土地上製造事端，不斷挑釁，迫使我國人民抗日的情緒越發強烈，也因此引發十二月十二日的西安事變，國、共兩黨合作抗日。

民國二十六年（一九三七）春天，日本侵略我國的野心已經暴露無餘。但在外交與政治上，我國仍作種種緩和的措施，以爭取建國的時間。四月二十六日，天津市長張自忠將軍（後爲第三十三集團軍總司令，民國二十九年五月十六日，在襄陽對日作戰壯烈犧牲）率領宋哲元部的中級將領，一行十七人，到日本參觀軍事，下榻帝國旅館。何基灃少將在內，他是何基鴻廳長的弟弟。梁老師去旅館去看他。何基灃氣憤地說：

「日本對我們的恫嚇是沒有用的！我可以告訴老弟！將來敵人的槍彈一定是從我的胸前打進去，絕不會是從我的背後打進去的！」

「楊參贊轉述蔣百里先生經過日本時的秘談，和日本爆發全面戰爭，越晚對我國越有利！」梁老師說。

十、中國文化與日本文化

梁容若老師說：中日戰爭什麼時候會爆發？當時無人能夠逆料。不過過去總是打打停停。這時，他研究的論文《中日文化交流史》，大體已作成一些初稿。他並寫了一篇〈中國文化與日本文化〉，近八千字，內分五部分。現在，我摘錄重要的部份文字如下：

一、日本的接受中國文化：日本很早就受中國文化的影響，有切不開的因緣。像青銅文化影響及於西日本一帶，樂浪的漢代文化波及九州北部，六朝文物在日本古代器物中可以看出親族關係，儒教在應神天皇時（晉武帝時）由阿直岐、王仁傳入，佛教在繼體天皇時（梁武帝時）由司馬達等帶進。舒明天皇到宇多天皇二百六十四年裡，日本任命的遣唐使船共十九次，盛唐法制學術，風俗習慣，都被日本所輸入所吸收。鎌倉室町時代有禪宗和理學輸入，江戶時代有儒學、印刷術、陶磁、武術輸入：可知中國文化對日本有多大的影響。試想想：日本語中包含有多少漢語呢？假名也是從中國文字的偏旁草體產生的。中日兩民族雖不是眞的同文同種，文化上傳統上的親族關係，切也切不開的。

談到日本選擇消化改進中國文化，也使我們不能不欽佩，將漢字變成假名文字，將儒家倫常道德人情化，將出世的佛教變成淨化人生、涵養精神的藥劑，將唐朝法律配合日本國情酌加改變，研究中國醫藥，將中國菜、書畫、陶磁、武術，注入新生命，成爲日本文化。日本現代所行的，正是中國古代精神的復活。

二、日本「中國研究」的缺陷：他說：明治以前的漢學者，看中國如在天上；現在日本的「支那通」，也有說中國人半文不值。中國文化有缺陷，中國民族有弱點，但中國文化也有他特殊的威力，中國民族也有他潛在的強韌性，所以能「亡而復興」或「危而不亡」。中國是廣大複雜的國家，包含種種形態性格，有好有不好。日本一些支那通，最近三十年只看到中國國勢衰弱，黑暗面，其實離眞相越來越遠，由部分現象尋求對中國看法（政策）是很危險的，應該注意中國的歷史與全局，才能使中日的關係走上正軌。

三、中國吸收日本文化：明治維新以來，日本文化有長足進步，出現了日本文化向中國倒流現象。中國大量翻譯日本書籍，日本語彙像洪水流入中國，一度留日學生成為中國政治文化的中堅份子。中國立憲革新運動，受日本重譯西方民權自由思想的影響。新文學運動也是仿效日本「言文一致、日語統一」而來。清末招聘日本教師，直譯日本教科書。中國科學工藝也受日本影響。日本詛咒的中國共產黨與共產思想，並不全然由蘇聯來的，陳獨秀、李大釗、郭沫若、成仿吾、田漢都是留日的學生，也是由日本許多左翼理論與運動所孕育的。日本支持段祺瑞，被直隸軍閥打倒，日本在中國的威信遂以掃地。與日本蔑視中國進步青年的志氣，互為因果，以致發生許多糾紛。日本許多教育機構，製造許多速成留日學生，既不懂日語又不理解日本新文化，不如歐美培育中國留學生的篤實，引致中國人對於留日學生的輕蔑。中國急要吸收日本新文化，以謀更生，可是日本給了中國什麼？要是日本文化眞對中國的生存改善能有作用，使中國留學生感到「空著肚子東渡，吃個飽飽回來」，日本文化的指導性自然就能確立了起來。雙方都有反省的必要吧！

四、中國對日本理解的缺陷：和日本人的「中國研究」比較起來，中國人的「日本研究」眞是很少，沒有像樣著作。北大沒有日本史的講座，日本人用漢文寫的《日本書紀》、《大日本史》，在中國也幾乎沒人知道。日本《萬葉集》沒有全譯本，《源氏物語》也沒有譯本（現在有臺大教授林文月譯本）。《漢和辭典》、《日華辭典》都是日本人編的。早稻田出身的龔德柏著《征倭論》、《日本必敗論》。這自然加深群衆（反日）的感情，影響執政外交的決策。中國留學生認爲日本漢學是從中國販來，佛教販自印度，科學販自歐美，對日本文化沒有敬意，認爲只要零買些日本販賣的歐美最新奇的思想學說回國就可以，無政府主義、共產主義、侶伴婚姻就是這樣的輸入中國。相反，眞正有益的應用科學，卻棄而不顧。日本人私生活的嚴謹，社會的秩序，政治的公明，很少影響到中國。中國留學生對於日本現代文化，棄其所當取的，而取其所不當取，比起日本古代的遣唐學生、現代的留歐學生，眞不能不說是罪過深重。看慣了長江黃河，對於日本的自然環境覺得無足取；接觸過五千年歷史文化，對於日本近七十年來的努力覺得不算什麼。中國留學生這種虛驕的態度，如何能深切理解異國文明而滿載以歸呢！

五、中日的文化提攜：中日兩國並立二千年，有可泣可歌的道義親交，也有相噬相困的蠻觸之爭。把這些如何傳給下一代的年輕人，應是中日兩民族知識界的重大課題。日本人謳歌侵韓的豐臣秀吉，而鄙夷仕唐的晁衡；中國人崇祀戚繼光，而忽視朱舜水，這如何能希望有兩國的精神共鳴呢？中國人假使虛心坦懷讀一些明治維新以前的日本文學，就不會說日本歐化以外一無所有；日本人如果讀一點中國現代文學，中國民族在如何困苦中奮鬥掙扎，也許可以理解吧！願和平之光，照臨大地，中日共存共榮，永遠無旣！

綜觀梁老師《中國文化與日本文化》這篇議論，卓越中肯。一開始就明白指出日本現代之所以富強，實由過去吸收中國先進的文化，暗示日本應該「飲水思源」。次論不要認爲中國現在衰弱，就可侵佔；中國文化有特殊的威力，是非常強韌的民族，過去危而不亡，現在亦當如是。再次批評日本胸襟狹窄，只圖己利，不理解中國青年留學日本的理想，不肯幫助鄰國培育人才，給中國的卻是扶植軍閥，製造傀儡，輸入共產，使中國動亂不止。這樣，又怎能不使中國人對日本產生反感，輕蔑日本！再其次，痛切地指出我國留日學生，追求國家富強，未能成功的原因。最後寄望中日兩國，能夠永遠和平，共存共榮。

梁老師說：他這篇文章是以日本讀者爲對象。他想藉這篇文章，引起日本文化人的理智，以緩和局勢。現在，我再讀這篇文章，覺得梁老師當日的想法的確非常天眞。文人的力量，微乎其微；更何況，他只是個留日學生！要想藉日本文化人的理智覺醒，來勸止日本軍閥的侵華野心，怎麼可能呢？當時，他把〈中國文化與日本文化〉投寄到鹽谷溫主編的《斯文雜誌》，希望能夠在四月祭孔大典時刊出，當然是「不被接受」。他另外拿了一份，給辻善之助博士看。這兩份原稿都留在他們那裡。但這對減低「日本警視廳」對他的懷疑是有一點幫助。

十一、七七事變打斷留學夢

這時，梁老師加緊撰寫研究論文，希望能夠在明年（民國二十七年）春天提出，完成他研究院的學業。他和辻善之助接觸比較多。但辻善博士鼓勵他提博士論文，作四年研究計劃。但政府只給他兩年公費。辻善博士說到時可以爲他找到獎學金。

萬萬沒有想到，民國二十六年（一九三七）七月七日發生蘆溝橋事變，日軍挑起了侵華的戰爭。梁老師說：「這時東京到處是『排華』鼓動『參戰』的標語和集會。我看了聽了內心充滿了極度忿怒！但我最難忘記的就是七月二十九日北平爲日軍所佔領！想趕回北平也已經絕望！對在北平的妻子與在故鄉的母親，則懸憂惦念至極！進退失據，眞不知何去何從？」他在這樣困厄的境況之下進修。這一種痛苦，我是可以體會得到的，因爲我從小就生長戰亂之中。我深深感受到，渺小的個人是絕對無法擺脫一個時代所鑄造的悲劇的命運！

梁老師說：我國駐日大使許世英，由國內迅速趕回日本，勸告日本「懸崖勒馬」。楊雲竹參贊對他說：「我國外交正在努力緩和局面，希望能夠避免戰爭。」然而戰局卻不斷擴大，留日學生一批一批回國。他也曾想回國，中途拋棄學業，他不太甘願！其次是北平已經淪陷。找楊參贊商量。楊參贊說：「你要是沒有被日本特務逮捕的危險，能拖半年結束了研究院的學業，最好。因爲中日關係時好時壞，留日學生跑來跑去，浪費時間與金錢；再說你的年齡比較大，回去再來機會不大。」大使館留學生陳監督臨走時，給梁老師留下六個月的學費。鹽谷溫也表示可以設法支援。房東荻原先生也表示到時可以不收膳宿費，直到中日關係正常化爲止。因此，梁老師就決定再留一段時間看看。就因這片刻的遲疑觀望，終於種下後來不能自由行動的不幸情況！

我們都知道中日的戰爭一天比一天激烈：八月十三日，日本進攻上海，遭遇到極其猛烈的抵抗，到十月三十日，我軍死守四行倉庫的謝晉元的部隊撤往公共租界。十二月十三日，日軍攻陷南京，非常慘烈地屠殺我軍民和婦孺。當然，在東京中國的僑民與留學生，關於日本軍人在中國慘暴絕倫的獸行，自是無法從日文報紙上看到，可以看到的是日本人民的熱烈地慶祝勝利！他們只能在心中痛苦地感受到無比的恥辱與憤慨，可是卻要壓抑了下去，不敢表露了出來！大家都作離開日本的打算！梁老師也想在這學期一結束，不管能不能夠畢業，北平已被日本佔領，所以打算去香港，轉往大後方參加抗日的工作。

十二、日本櫻花節一段情

日本大學的學制：上學期是四月初開始，七月底放暑假，下學期是九月底開始，次年二月初放寒假。梁老師打算拖到這一學年結束才走！一轉眼就到了民國二十七年（一九三八）春天，也是梁老師在東京最後的一年。從民國二十五年春天住進荻原家，至今整整兩年多，他受荻原一家人親切地的照料生活，賓主之間也產生了極濃厚的情誼。

這一年春天，荻原一家邀他參加日本的櫻花節。他就和荻原老夫人、高女畢業的長女梅子小姐、兩個男孩中學生丈夫和小學生健三，一起渡過一個美麗而愉快的櫻花節，暫時忘記了孤另一人羈身敵國的苦痛，也暫時忘記了日本侵略祖國戰爭的憤憂，還有懷親思鄉難釋的悲愁。這天一清早，荻原一家和他先到隅田公園看梨花和桃花，再到摩川稻田隄看盛開的櫻花。梅子小姐穿著一身淡綠色的和服，在鮮豔如火的桃花樹下，看來十分輕盈雅淡，溫文安祥，像桃花源古畫中的人物。成群的黃鶯在啄下花片。梁老師說他第一次注意到梅子小姐的白潤細長的手指。後來他在〈櫻花時節〉中描寫稻田隄上長滿了成行的山櫻說：

> 樹大花也旺，它初開的粉白色，盛開的純白色，不像桃花榆葉梅的妖豔，也不像梨花的慘淡，比紅海棠白些，比白海棠紅些，好看的是花特別多，特別稠密，沒有葉，也幾乎看不見枝，要開一齊開，一棵連一棵，遠看像繚繞不斷的一條一條的花雲，配上豔陽天，芳草地，駘蕩的春風，就五光十色，把一個一個人都送進了醍醐境地。

他們在高坡上野宴，喝酒唱歌。後來，梅子帶他坐到一棵櫻花開得最絢爛的櫻花樹底下。梅子說：

「你看我們的友誼能不能像八重櫻一樣，開的最晚最長久？」

她很自然輕輕吻了他的手一下。髮香和酒味使他很動蕩。一剎那過去，他重新恢復了心境的平靜，日本侵略中國陰影一下子兜的湧上心頭。他只好說：

「我的母親是不贊成我在國外結婚的。」

在這個櫻花節裡，他們兩人都掉了眼淚。

在日本留學這段時期，梁老師翻譯有岡田正之的《日本漢文學史》（民國二十六年〔一九三七〕）與青木正兒的《中國文學對日本文學的影響》（民國二十六年〔一九三七〕）。從日本回國後，他的論文有《外國漢學研究概況》刊載於《國學叢刊》，《日本文學與現代中國文學》刊於《東方雜誌》。

十三、從東京回北平

中日戰爭開始之後，日本透過德國駐華大使陶德曼調停，壓迫我國接受他們提出的許多無理的條件。我國無法接受。到了民國二十七年（一九三八）一月十五日，談判無成，遂告結束。二十日，我國政府電召駐日大使許世英先生回國。二十八日，日本駐華大使川越茂也撤回日本。這時，楊參贊取道香港回國。梁老師也去訂前往香港的船票。可是船公司說，不論去香港，去北平，都要他到警視廳特高科去取許可證，才能買船票。

他去找鹽谷溫幫忙；鹽谷溫則勸他就日本第一高等或橫濱外國語學校的華語教師。他只好推說：「必須回北平照顧家人。」鹽谷溫答應提早發給他結業證書，並且寫了兩封介紹片，一封給特高科，一封是給北平的日本文教負責人橋川時雄，請他照拂。梁老師到特高科，說明學費斷絕要回北平。特高科卻詰問梁老師：「你前天為什麼要買去香港的船票？」「你為什麼不肯接受這裡教師的職務？」甚至問：「荻原梅子不是對你很好嗎？」梁老師告訴他：

「我已經結婚。」

警視廳終於給了他一紙回北平的許可證。

十四、七年鐵蹄下生活與工作

梁容若老師從東京回到日軍鐵蹄盤據之下的北平。古都的城內雖未經戰火的破壞，但在城外的南苑、西苑、北苑仍可看到激戰之後的殘墟斷垣！回到北平，他就趕往新街口正覺寺十二號岳家，和師母相見，不勝悲傷。這時從日本回來的留學生，都受到日本特務機關嚴密的監控。他回到北平第三天，也只得去報到登記，塡上「東京帝大研究生，回北平蒐集資料。」他又去國立北平圖書館，要了一間研究室。那時管善本書的是他北師大同班好友孫楷第，借書很方便。他的《中國文化東漸研究》就在這時逐漸完成。他國學的基礎，也就在這七年北平圖書館的研究室裡奠定。他一面讀書，一面摘錄資料，做了許多卡片；所以老師的學問淵博之極，文章亦博雅多聞。我認爲民國以來的作家，恐怕只有周作人可以相比。

梁老師的家是經營土布商的，一個店員從包頭收賬回來，一筆交了他八千元，足夠他夫婦兩個人三年的生活，所以他考慮離開北平，走太行山，或走海路去香港，也想到暫回鄉下居住。卻萬萬沒想到就在這時他的母親，卻帶了他的大女兒和三個姪女、兩個姪兒，最大十六，最小十二，從老家行唐滋南鎭逃了出來。原來滋南鎭也被日軍佔領，祖遺房屋被日寇燒光，許多親友被日寇殺害。一家人幸而還能相見。他說：他母親抱著他眼淚成串滾落！這就是百年來積弱的中國的悲哀！但他想避難鄉間也不可得了！戰爭會延長到什麼時候也無法可以預測，可是他已沒有其他路子可以選擇了！梁老師說：他只有留下照顧一家人！兩口之家一下子變成九口之家，生活負擔也一下子加重了！

第二年，次女梁華誕生，又變成十口之家。嗷嗷待哺的孩子，再加年老的母親，眞是壓迫得他寸步難行。在敵人嚴密監視之下，要帶著這十口之家，逃亡後方參加抗日的陣營，眞是想都不敢想！能在這樣戰亂的時代裡活下來就已經極不容易！這是在淪陷區裡的許多中國知識份子的悲痛！要逃亡無法逃亡，要苟活也極痛苦！這種痛苦誰能理解呢？他說：「我不怕死！但生命至可貴，所以要死得其所，死得其時！」

這一種心情，我是可以體會得到的！我的大哥祖澤，一輩子做會計工作；福州淪共後，他一家連父母子女十三口能逃到哪裡？只能困處故鄉。但在大陸文化大革命時期，他因掛名過國民黨區委，備受清算鬥爭。他只能忍受這一種痛苦，把幼小兒女扶養長大後！他終於在一九七〇年跳樓自殺！暴屍兩天，妻兒都不敢收埋。我的一個姪女因父親的慘死，刺激太深，終至精神分裂，心靈的傷痕至今仍無法平復。我回鄉讀到大哥遺留下的委曲求全的坦白書，眞是一字一淚，令人酸鼻！這都是這個時代所造成的慘目驚心的悲劇，許多人身不由己苟活於亂世。這個不幸應該由誰來負責？向誰去控訴？唉，我只能說是「生不逢辰」！誰教你生於這一戰爭動亂的時代！我只能說：個人實在沒法子擺脫時代命運的擺布呀！

梁老師在北平淡泊的生活，並不能去掉日人對他的懷疑。他們用飢餓和恐怖，來控制我國這些被壓迫、不屈服的知識份子，十天半個月就來一次深夜突擊檢查，每次總有幾卡車人被帶走審問，甚至失蹤。他在大中、平民國民黨系的私立中學擔任常務董事，在北平師範大學、中國學院、外國語專門學校教些課，講目錄學、中國文化史起源。大中中學校長翟作民被逮捕，因爲查出一封重慶的來信，終遭殺害；平民中學校長常玉森被捕，吃盡苦頭，後來才放他出來。梁老師說：當日多少在淪陷區的朋友和同志捐生死難。但他仍不顧艱危參加地下的活動。他和中央派來的人、教育部派來的人，游擊隊派來的人做聯繫工作。這些工作都是秘密地進行。他又說：「每次接到從後方寄來，日人加蓋了「檢訖」的信，就有好幾天的恐懼盤據心裡。不知道命在何時？」他就在這樣的險惡的環境裡掙扎，過一天算一天。他也曾想到移家太行山的游擊區。但二十九年冬天，國民黨在河北的民軍又被中共襲擊消滅。當時在北平的河北省國民黨黨務督導員，後為天津市黨部委員佟本仁先生就說：「這一段期間，他和梁容若時常接觸，蒐集情報，急難借住。我們在敵後找一些掩護，各自為戰，做工作都不為人所知。」

民國二十八年（一九三九），北平物價飛漲，梁老師一家人也時時陷在飢餓線上。他除了出去擔任教職，並把在日本研究的所得，寫一些日本接受我國文化的文章，賺一些稿費。這些文章當然是在暗諷日本人的「以怨報德」；這就是後來在臺灣出版的《中國文化東漸研究》一書（民國四十五年十月，臺北中華文化事業委員會出版，收於「國民基本知識叢書」第四輯中，又收進「華崗叢書」中）。

這年初，辻善之助來信說：打算把他的舊稿〈中國文化與日本文化〉，送去「國際文化振興會」參加徵文，徵求他同意。當時，梁老師認為「單這封信就可作保全一家人的『符咒』」。東京大學講師魚返善雄也來信說：「代為整理改寫，但不會變動原文本意。」但他沒有想到這篇文章竟得獎了，和三個美國人，兩個巴西人，一個墨西哥人，一個澳洲人，一個法國人，兩個德國人，兩個匈牙利人，一個印度人的文章，一起收在一本日文書《日本文化之特質》（東京日本評論社出版）中。文字大部份保持原作，但有幾句話被改動。梁老師說：「可是這時我又能如何？能拒絕嗎？能提出否認更正嗎？」對於獎金，他拖延了兩年。民國三十年（一九四一）十二月八日，日本軍艦載了飛機，偷襲珍珠港美國太平洋艦隊，第二次世界大戰爆發。他暗中和綏遠聯繫，也到了隨時可以西走的階段。在民國三十一年（一九四二）三月，他決定去日本領取獎金。他坐火車經過山海關、瀋陽、安東、漢城、釜山、渡海至下關，再坐火車到東京。他希望能夠看到一些沿線的現象，尋找一些有益國家的情報，但沒想到火車的窗子全蒙了黑布。

梁老師在日本住了十八天，三千元的獎金，最後剩下七百元。他看到了日本發動侵略戰爭的報應，東京「十室九空」的慘況。荻原一家樓房依舊，老律師荻原先生已經病故，三個男孩子都被徵召去當兵，小妹被強制進軍需工場，梅子在一家會社工作，尚未出嫁。梅子說：

「我不想嫁一個不知明天死活的年輕的男人，但又不願嫁給缺手缺腿的退伍回來的傷兵！」

梅子表示要跟他去北平找工作。他告訴她：「我們梁氏一宗死在日本兵的刺刀下，至少在三十人以上！我實在無法帶妳去北平！」但梅子卻跟他上了火車，不肯下車。他只好告訴火車的列車長：「我若帶她，到北平。我完了！她也完了！」直到了下關，梁老師上了釜山和下關的連絡船；梅子才被日本水上警察拉下船去。看著梅子的哭喊和掙扎的背影，他感到十分歉疚，也十分悲傷！但又能怎樣？在這兩國敵對時候，朋友也自然成爲敵人！

梁老師從東京領獎回來，日本的特務對他的跟蹤監視放鬆了許多。但他一月收入，一月吃光；他一走，全家就要斷炊。還有要怎樣出走？才不致連累家人；這都要周詳計畫，所以又拖延了下來。

十五、西走綏遠陝壩

梁容若老師決定離開北平，但能否安全抵達綏遠，誰也無法逆料！梁太夫人和梁師母都亟盼能夠生一個男孫，延續他的生命，又再拖延了一些時日。直到民國三十三年（一九四四），他的兒子一成誕生之後，他終於決定西走。不久，綏遠派劉丹廷參議來接他西走陝壩。他們給了他一點安家費。他也把家裡的藏書賣給文奎堂、來薰閣等書店，給母親、妻子和家人籌好了一年的糧食和生活費。

這次西行是經過極周密的計畫，梁老師先送他的母親回行唐縣城蔭泰興舖房。過了一段時日，由他母親來信告病，接連又來幾次電報，催他回去照顧。他搭平、漢線的火車南下，到高碑店下車，即折回北平，並託人在東長壽的車站寄一封親筆信，回北平的家中，信說因等不及搭明日的汽車，而連夜步行，趕去行唐城。其實，他折回北平後，即趁平綏車西走。待到許多天後，日本特務發現他失蹤，不在北平也不在行唐，還到他的家裡調查。幸好有前後的電報與信件，再加家人的哭哭啼啼，日本特務以爲夜裡，他在長壽車站到行唐縣城的路上，被共黨的游擊隊拉去了。當日日軍控制的是點和線，共黨的游擊隊控制的是面，縣城車站都在日僞軍的手裡，大部份的鄉村在共黨游擊隊的手裡，白天是皇軍的世界，夜晚是游擊隊的世界。他這作法只有母親和妻子兩人知道。

梁老師的西行生死莫卜；臨別時候，梁師母說：「你放心去吧，我會照顧這幾個孩子。」當然，他的孩子姪兒都不知道實情。這時，他的母親梁太夫人已經七十六歲了，留在行唐——他已過世三十三年的父親的故鄉。他的妻子梁師母一人，帶著他的大女兒和一個六歲的女兒梁華及襁褓中的男嬰梁一成，還有他哥哥梁子青的五個孩子，留在北平。日本的侵略戰爭，造成了許多人家的母子夫妻的生離死別！戰爭罪惡眞是無法可以原諒的！

十六、伊克昭盟日記

梁容若老師在《伊克昭盟日記》裡，詳記他在民國三十四年（一九四五）二月十九日逃離日本佔領下的北平，冒著生命危險，越過日軍封鎖線，經過包頭、蒙古等敵僞地區，前往傅作義將軍的第八戰區，到了四月一日才到達綏遠陜壩，出任少將參謀，參加抗日的工作。在這四十二天裡，他坐車一千六百多里，步行五、六百里，歷經許多驚險、艱苦與歡樂。現在就他的日記，摘錄相關的部分文字如下：

民國三十四年（一九四五）二月十九晚，我乘平綏車離開北平，車上旅客極少，過集寧後，藉解手，連走幾個車箱，發現劉丹廷及其夫人李玉英女士已經上車。相視一笑。丹廷做我的嚮導。此人膽識智術過人，數次護送知識份子進入綏西，均順利完成。當時第八戰區副司令長官部（後改十二戰區司令長官部）及綏遠省政府都在河套陜壩（臨河縣太安鎮）。由北平至包頭一千六百三十二華里，車行一夜一日，到二十日晚上，火車到了平綏路終點包頭。但由包頭西行至陜壩，直線走路約五百華里。這時，包頭百業蕭條。我在包頭待了三天，化裝做皮毛商人，頭戴帽殼兒，換青嗶嘰袍，青布鞋，開口「發財」。

二十三日旁晚，我們三人坐了一輛兩騾的貨車。我和劉丹廷坐在車前轅，和車夫坐在一起；劉丹廷太太穿著蒙古軍的皮外套，冒充蒙古軍官的太太，坐在車裡。到南門日軍檢查處，驗過通行證。這時天晚風緊，出關人多，戴風鏡皮手套的日兵，懶於問話細檢，就這樣出了南門關。這時黃河已經結了冰，車在冰上走，很快就過去了；沿岸向西南，荒草如人高，一下子走了二三十里，到了大樹灣（二九蛇堵），就進入了僞蒙古軍的防地，而被扣留。烘著牛糞火盆，吃著稀粥饅頭小菜。第二天，仍過著軟禁，領略到食不下咽，寢不安息的滋味。眞是度日如年。二十五日下午三時許，王排長來了，指出我們不是眞商人，沒帶黑貨，帶些小貨品值不得冒生命越過火線的危險。表示希望我們到中國防地後，說明他不是漢奸。當晚我們受到優厚的招待，有清燉雞、羊肉、燒酒，猜拳痛飮，親切交談。

二十六日，晚飯後，王排長派一輛兩騾大車，十幾個騎兵，護送我們到三十里外的一個小村。我們僱了一匹驢馱著行李。我們繼續踏著夜色往前趲行，一口氣跑了七八小時，走了一百里。到天亮時，到了玄福窯，已脫出了三不管的地帶，進入了中國防區。這時才感到內衣完全汗濕，腰酸腿痛，幾乎寸步難行。玉英不禁抽咽哭了起來，一會兒又破涕爲笑。村裡甲長替我們準備三匹驢代步，繼續上路，旁晚到馬家茂。

二十七日清晨起來，才發現住在地窖裡，這裡的人家大都鑿山腰住家，車馬都是從屋上過去。晚上住張家梁的國民小學。

二十八日，翻過四個山坡四個寨子，時見狐兔牛羊及遠村，衰草轉蓬，深夜宿張保長的洞窟。

三月一日（農曆元月十五），中午到東勝縣羊腸壕，住李實忱少校家。晚入縣城，全城慶祝元宵，家家門口聚煨炭，燒旺火。專員公署燒五車炭，煙焰淩空，一片紅光。東勝縣，距包頭南三百五十里，城方形，周四里，民戶稀落，常見一家村。

二日飄雪，東勝縣專員公署的主任秘書郭吉庵來訪，說：「奉主席諭，到達之日，即以省府顧問，考察伊昭盟的軍政措施，民情輿論，務求客觀，提出報告。劉丹廷參議作嚮導。於是決定留東勝十日。東北馬占山部時駐哈拉寨，精銳散亡，無能爲力。鄧寶珊駐榆林，詩酒風流，目送飛鴻。馬鴻達在寧夏，人胖馬肥，難進易退：都不足以談戰事。人說：「英雄見慣亦常人。」不過，我認爲像馬占山這些抗日英雄，縱使沒有新功業建樹，也可以名留千古了。

八日，到郭家渠。當地農民冬春以馬鈴薯爲主食，產量極豐，有紫白二色，粒大肉膩味薄，入粥或入菜或製粉或跟小麥爲饅頭均可，還盛產小麥燕麥小米。時河套臨河一帶，已經可以種稻、甜菜。最困難是衣料，有錢也沒布買。大人只穿羊皮裘，冬天把毛向裡，夏天把毛向外；兒童是整年光著，凍得滿身發紫，上炕熱得頭上出汗，再加醫藥落後，十個孩子養不大三個。

九日，訪問東勝縣政府。由東勝往陜壩，直線走蒙古地，因不會蒙古話，遂決定走漢人的墾區，沿綏寧大路走，以駝骨馬糞作路標很容易走，但不容易找宿處，坐牛車到處賣雜貨，也可以體會北方原始的窯洞社會。

十一日，時見蒙古少女斜跨馬背，不用鞍蹬，還有兒童以馬爲戲，如臀部有吸盤，人馬連結爲一體。騎馬急行軍一夜三百里，步兵日行六十里，已力盡精疲，難怪金、元鐵騎無敵。當時綏、蒙戰區，騎兵有六師，七師、新五師、新六師、新三師、新四師、騎兵旅；唯日本有偵察機、轟炸機。

十六日，離東勝西行，經什拉烏蘇壕。伊盟七旗，計人口約九萬多人，喇嘛一萬七千八百人。

十七日晚，宿海子灣，附近楊柳成林。

十八日晚，宿導老岱。王副鄉長談起杭錦旗盛產甘草、大黃這些生藥草，還有宗枸西柴胡。

十九日，宿阿路柴登。

二十日，住木花稍，時爲何文鼎六十七軍部駐地，爲伊盟西部交通要地，軍政商業中心。當地大旱，井水橙黃如泥漿，家家煮雪做飯。我也掃了許多雪洗一次痛快的臉。

二十三日，離木花稍西行。離大鹽海不遠，屢見運鹹車。晚，住烏拉極靈廟，見到紫袍黑坎肩紅帶子的蒙古女郎在牧羊，擺動著兩條繫滿寶石琉璃的長辮子，雙頰紅如蘋果，上百隻羊跟著她，連擠帶叫，慢慢向一個蒙古包的旁邊走去。遠遠聽見嘹亮的歌聲。

火紅的太陽下山啦，牧羊的女郎回來啦！小小的羊兒跟著媽，有白有黑也有花。你們可曾吃飽嗎？啊，啊，啊，啊，啊！大星星亮啦！卡里馬沙不要怕，我把火點著啦！

路上又聽到成千成百的白翎雀的合鳴。我不禁想起張思廉作〈白翎歌〉：「岦崖孤高繞羊角，啾啁百鳥紛參錯，須臾力倦忽下躍，萬點寒星墜叢薄。」氣愈和暖叫聲愈清脆，引吭高歌，歷一兩小時而不輟。

二十四日，黃羊成群，奔竄如飛。狐狸見人，注視眈眈。晚宿點石井。往四邊看去，都是天地相接，真像一個大蒙古包，籠蓋四野。

二十五日，行不遠就看到羊群駝群牛馬群一大片。走近一看，一個人騎著馬；馬拉著一條長長的皮帶，從井底下拉出一個圓圓的大羊皮袋；一大口袋的水，倒滿了水槽，夠七八隻羊喝。到井邊一看，這個井足有三十多丈深。羊大概一天喝一次水，牛馬兩天喝一次，駱駝三四天喝一次。晚宿板井。

二十六日，晚住公卡罕，聽說黃河已在流凌。黃河結冰期，大約一百二十天，春分開始解冰；流凌約五六日，冰塊如船，船觸之可覆；流凌未完，不能行船。

二十七日，路上迷路，駝骨牛糞都不見，流沙飛動如波濤，細沙颺塵，粗沙撒豆，有風鏡而眼不能睜開，沙打到臉上，痛癢並作，天渾地暗，方向迷失。整整一天水米不曾沾唇，眞是「日沒平沙沒人家」，差一點渴死凍死；好不容易才聽到狗聲！在昏黃的月色裡，找到一所老爺廟，才知這地叫做「赤老圖」。伊盟路上無旅店，人家都可以借宿；唯常行數十里始見人家，晴天在日落前望炊煙，或循牛羊糞多的小路走，可以尋到人家宿處。

二十八日，晚宿天和玉。

二十九日，午後到寧夏磴口縣渡口堂，黃河東岸。黃河流凌才告結束，河邊待渡的車馬旅客很多。

三十日，早起，看「霜濃牛馬通身白，林凍烏鴉閉口喑。」又見「渡船滿板霜如雪，印我青鞋第一痕。」過黃河北行，晚住補隆淖的薛家村。時值夏曆二月望日，只見兩輪日月，東西聯璧，在黃昏交輝。桃李含苞，楊柳婆娑，熙熙攘攘，雞犬相聞，一片太平景象。想起平、津，正是百花爛漫時節，別母拋妻，離開子姪，恍惚已逾一個月，不禁感慨萬端，心想歷險不死，必有相會的一天。

三十一日，晚宿黃楊木頭。時值凌汛泛濫，冰塊洶湧而下，相激相撞，相擁相擠，形成冰壩，阻水下流，黃河水位高漲，灌溢入渠，新鮮鯉魚，味美異常，後套農事也就開始。公路兩旁的水田，蒼鷹白鷺，成群結隊，斑鳩候雁也在水邊嘎嘎地叫。磴口至三聖公一帶，周圍數百里，全是天主教區。蓋庚子拳亂結束，蒙古阿拉善王將這裡土地賠償教會，共兩千零九十多頃；教堂從華北各地移貧苦教民前來墾植，並修水渠長達一百四十公里。進水口就在黃楊木頭南，北流經陝壩、聖家營等處，分兩支入五加河。生產豐盛，地方安定。收些地租發展教會事業，陝壩建有規模宏偉的天主教堂，辦有橫舟高級小學。據說綏遠全省共有教會三十四處，信徒約三萬人。

四月一日晚，到陝壩市。陝壩本是大安鎮，綏遠省會就設在這裡，有幹部訓練團、奮鬥中學。園子渠口每天都有寧夏商船來。還有醫院報館工場，發展一日千里。

十七、到陝壩參加抗日工作

梁老師到陝壩後，就受到第八戰區副司令長官、兼綏遠省政府主席傅作義的單獨接見，一談就是兩小時，接著發表他為省政府參議，在副長官辦公室工作。這時的工作，第一是每週為陝壩《奮鬥日報》寫社論兩篇到三篇，像(清算日本的強盜教育)之類作品，就是。第二是閱讀電務室收錄的東京、重慶、延安三地的廣播，作總合分析，每天午飯後，為傅作義作一小時至一小時半的敵情與時局的說明。第三是為四十幾個日本俘虜每週作兩次講話，淺沼慶太郎等組織了一個日本國民革命同志會，他做他們的顧問。這時，梁老師的工作極為忙碌。綏遠河套地廣人稀，駐軍平日開渠屯田，大興水利，所以物產豐富，家家有飯吃，處處可借宿。知識份子從敵偽區前來綏遠的也不少。

十八、抗戰勝利，國共鬥爭開始

民國三十四年(一九四五)八月十二日，梁老師到陝壩已經四個多月，深得省主席傅作義的信任，被調為綏遠省政府主任秘書。因為美國連續在日本廣島、長崎投擲了兩顆毀滅性的原子彈，戰爭就出人意外地迅速的結束！這月十四日，日本投降的消息傳到綏遠之後，他被派督率員警東進歸綏，負責接收綏遠省偽政府。梁老師時年四十一歲。

梁容若老師說：他在塞外參加抗日工作，有時隨軍跟日寇苦戰的時候，曾經驗過沙漠的迷路，饑渴欲死的夜行軍，也經驗過凍手勒韁、搓雪取暖、全身麻木、臀下殷紅的騎士生涯；有時還過只吃黃豆、無米無菜的戰場生活。雖然如此艱苦，但覺得在這個大時代裡，能置身陰山外邊，長城以北，他就感到有無限的興奮跟驕傲。不過，最令人感傷的，是民國三十四年中秋夜，戰爭已經結束，回鄉路已經不遠，但當許多人想到家鄉，父母妻子親戚朋友是否尚在？大家都禁不住痛哭流涕！不過那時的哭，流的淚還是歡欣的、有希望的、有自信的眼淚！

對日的戰爭勝利，但不幸的內戰卻緊接著爆發。中共軍隊得到張家口蘇俄的裝備，勢力驟增。中共為了擴大解放地區，就在這一年十一月一日，截斷平綏鐵路，以全力包圍，猛撲歸綏、包頭兩城。傅作義採取「空室清野」政策，於是共軍的補給發生問題，終因饑寒交迫，由包頭攻龍藏，結果損失慘重，橫屍數萬，一戰而潰。十二月十八日，歸綏與包頭國軍會師，歸綏城圍全解。在這圍城的四十八天中，省政府與外文書完全斷絕，只有藉無線電報電話和外間連繫，物價高漲，謠言日至。梁老師以省政府主任秘書，在圍城中，襄助秘書長于純齋處理各種突發情況，解除各種危機，時常長夜難眠！他每夜在槍砲聲中，以讀《綏遠地方志》解睏忘愁，時常至凌晨兩三點鐘，然後頹然就枕。因此他對綏遠省的歷史地理，瞭若指掌。共軍敗退，歸綏圍解；他在十九日作有〈登歸綏鐘鼓樓，城圍初解詩〉。三十五年（一九四六）五月二十二日在《奮鬥日報》上發表〈綏遠通志稿之緣起與現在〉，為恢復省通志館作說明。

十九、重回北平工作

民國三十五年（一九四六）夏，國共的內戰在東北和西北激烈地進行。十月十一日，傅作義在攻取張家口戰爭中建立了偉勳。梁老師大概在這時隨傅作義部隊進入北平，在善後救濟總署冀熱平津分署工作。他計畫以工賑興辦永定河的水利，想請老同學水利工程家張季春前來負責。張季春尚未成行病逝。

民國三十六年（一九四七），傅作義爲華北掃共總司令，兼北平行營副主任，肩負防衛華北與中共作戰的重任。傅在民國三十八年（一九四九）一月，在北平被中共包圍時，率十萬國軍投降中共。

二十、來臺北辦「國語日報」

梁容若老師受推行國語運動的老師錢玄同、汪一庵的影響，以及吳稚暉先生的精神的感召，早有獻身國語教育的理想。他認爲「書同文、語同音」是統一國家的基礎，早以推行國語教育爲職志，再加他有多次辦報的豐富經驗與濃厚興趣，在民國三十七年（一九四八）六月，聽從北師大黎錦熙教授的意見，接受籌辦臺灣國語日報社長魏建功先生（魏氏當時也是北京大學和臺灣大學教授）的邀請，和北師大教授王壽康先生，在北平魏建功家參與創辦會議，決定國語日報方針：

一、國語的、教育的、現代的、平民化的。二、取小型，求精鍊，以便讀者保存。三、不刊誕妄不合事實的新聞，不登誇張有害失實的廣告。四、全報教材化，深入淺出，偏重教育文化新聞，向純教育性報邁進。五、初以學齡兒童爲主要對象，逐漸增加成人閱讀資料與學術性程度。

七月間，梁容若老師決定接受總編輯的職位，辭去了北平《平明日報》總主筆和大學兼任教授的職務。在十月六日由北平起程，十八日到達臺北。他學博識遠，善寫文章，爲人又熱心堅毅，編輯部在他領導之下，在人力和物力均極艱難的情況之下，只花五、六天時間籌畫與編輯，《國語日報》終於趕上這一年的光復節（十月二十五日，一說延至「十一月十九日」）正式出版。

到民國三十八年（一九四九），國內情勢大變，戰局失利，金元券貶值，教育部答應給國語日報的支援都成了泡影。新聘編輯邢海潮由上海飛來，看到困難情形，旋即飛返上海。助編李華瓊就職不久，亦棄職西歸。後來因經費無著，魏建功先生也失望西歸大陸，代社長王壽康老師和梁容若老師這個總編輯在風雨飄搖中艱苦地支撐著。

三月十二日，國語日報成立董事會，羅致了許多從事國語教育的工作者和臺灣提倡國語教育的名流。臺灣省國語推行委員會主任委員何容、常務委員梁容若、齊鐵恨、王壽康、洪炎秋、方師鐸、王玉川、李劍南和祁致賢都參加了董事會。其他董事：汪怡、陳懋治兩人都出席過民國二年（一九一三）教育部召開的全國「讀音統一會」，制定標準音和注音符號。汪怡編著《國語辭典》（商務出版）是國語教育重要的著作；吳稚暉主編我國第一部《國音字典》，民國七年定稿，就是在陳懋治宅，邀集了許多專家商決的；臺灣大學校長傅斯年被推爲董事長，臺灣印行過大量的注音書報，用來推廣國語教育，就是由傅先生向當局建議的；黃純青是臺灣文獻委員會主任委員，他的公子黃得時是臺大中文系教授，幾十年來就是臺灣國語國文教育的倡導者；游彌堅是臺灣省教育會會長；李萬居是公論報社長；杜聰明是臺大醫學院院長。他們都是本省籍的精英名流，都加入國語日報董事會，在不同方面大力推進國語教育。吳稚暉先生爲名譽董事長。當時國語日報是由副社長總攬社務，社長爲名譽職。

他們爲了要辦一份純教育性報紙，定下些嚴格目標：要用純正國語寫，讀得出聽得懂。字字注音，句句精鍊。改寫新聞，求扼要，求淨化。副刊要深入淺出，教做人，教學術。

梁容若老師請夏承楹（何凡）先生擔任副總編輯，負責新聞、繪畫兩版。他自己專辦副刊，適應中小學生需要，請國語會的魏廉、魏訥兩位主編「少年版」，並請王玉川教授編寫「看圖識字」，和三百字「故事」：這個版面是天天出刊。另外一版分做七個週刊，有臺大夏德儀教授主編的「史地」，黃得時教授編「鄉土」，林朝棨教授編「科學」，北投育幼院長張雪門編「兒童」，齊鐵恨、朱兆祥兩教授編「語文甲、乙刊」，何容教授編「周末」。一個四開小報得到這麼多人的義務支持，沒有編輯費，也沒有車馬費，稿費也少到不能再少。他們都是基於服務社會的精神，傳播國語教育的理想，無條件犧牲精力與時間。在這些熱心推行國語的人士同心協力慘淡經營之下，終使日報能夠出版，日益進步，有成就，有貢獻。協助了臺灣國語推行委員會推行國語，散播語文種子到各個角落，短短數年之間，終使臺灣人都能用同一語言溝通意思，融洽了臺灣各個族群的關係，也大大提升青少年的語文能力，使他們能說能寫，能飽飫進步知識，創造事業。我們從臺灣各方面成就，可以看出語文教育，至今仍極重要。

民國三十九年（一九五〇）六月二十五日，韓戰爆發。十月，中共動員上百萬越過鴨綠江，參加韓戰。後來，梁老師作有〈中秋懷塞外友人〉寄以感慨說：

三十七年北平的中秋，西郊總部集中了一群從陝壩回來的朋友，大家面對集寧苦戰，造成了慘重的傷亡，淶水的失利，東北形勢的惡化，各人的心都十分沉重。席上有人說：「我們不死於包頭合圍，不死於五原大捷，要死於內戰嗎？」……在這黯然銷魂的中秋嘉宴裡，我隱隱意識到「百萬義師，一朝歸甲」的危機。（五原，指對日戰爭）。離開北國整整三年了，想起塞外多少同患難共生死的伙伴，有幾人不背著誣陷的罪名，埋骨荒郊？有幾個不被逼迫被驅使，飢渴勞役，跋山涉水，看三韓的明月，弔平壤的廢墟？

梁老師說：要想創辦一份報紙是非常艱難的，《國語日報》創刊時，調用國語會人員參加工作，但他們都沒有營業講成本的觀念，只求做到每天出報，結果是賣一份報紙賠錢一分；報紙由創刊五百份增到五千多份，虧累也一天比一天增加。到民國四十年（一九五一）五月，月虧八千元，估計再賠六個月就要破產。六月，報社常務董事會通過：請梁老師為副社長，總攬社務。他決定聘請劉博輝接任經理。劉博輝，曾任天津《益世報》副經理兼營業主任；叔父劉豁軒為《益世報》總主筆，燕京大學新聞系主任，為辦報世家，經驗豐富。劉來後，一切按報社成規辦理，首先提高一點報價，中縫刊登廣告，於是由賠一分變為賺一分，收支遂能平衡。

為了要提高讀者語文的程度，幫助讀者自修，梁老師在九月二十六日創辦《古今文選》，每星期一出版，隨報免費附送；後來更自高中選至大專教材。成本雖然增加，但對報份的穩定有相當幫助。又獎勵年輕同仁到學校推銷報紙，報份遂呈直線上升。到四十二年（一九五三）三月，增到一萬三千份，每月可以盈餘三萬多元。《古今文選》因爲可以自修，可以作教材，非常受人歡迎，單期與合訂本的零售，收入亦可觀，曾有一期零售達四十萬份。因此能夠擴充報社各種設備，國語日報的基礎因此奠定。

二十一、我們如何編註《古今文選》

《古今文選》至今已有四十七年的歷史，主編人也已經進入第四代。它是一種很特別的副刊，專門選註古今名家的傑作，給予確要題解，適當分段，精密標點，標準注音，口語解釋與翻譯，詳細介紹作者事蹟與文章背景，並附錄其他有關的參考比較的材料。起先由梁容若、齊鐵恨、何容、方師鐸四人負責編務，並且約請一些學者協同註稿。那時不像現在有現成的註解翻譯可鈔，而是一切都要自己來做，註譯工作很費時間，參加註稿的人各有專業，又都很忙碌，稿件常感緊迫，因此報社決定聘請專任編輯。我和鍾露昇兄二人，就在民國四十一年（一九五二）二月一日，一踏出臺灣省立師範學院的校門，就被網羅來參加這一項工作。這時《古今文選》改由梁容若、齊鐵恨兩位老師主編，我和鍾露昇二人爲編輯。

民國五十一年（一九六二）六月，我繼梁、齊兩位老師之後，爲《古今文選》主編；我在梁老師的手下整整工作了十年，在做人、工作與爲學三方面都受他極深的薰陶與影響。

在師院時，梁容若老師教我們目錄學、讀書指導、中國文學史。他是一位博學多識的學者與作家，讀書極豐富，見解極卓越，文章寫得光怪陸離，凝鍊明白，著作非常多。他是一個為人嚴謹、做事認眞而不失和氣的師長，對我們的督促與指導，極爲嚴格，就像父兄期望子弟那樣的殷切。

當時，國語日報設在南海路植物園裡的建功神社，就是現在的教育資料館。國語日報在靠近蓮花池邊蓋了一個鋁屋，前大半做經理部，後小半做文選編輯室。我臨窗就可以看到紅睡蓮和黃睡蓮貼在水面上。神社原來的房屋很破舊也很淺陋，但植物園的整個環境是很美的。工作餘暇，我常到園裡散步。我在這裡留下許多回憶！

梁老師爲了要提高我和鍾露昇兩人的學養，每選註一家作品，就要我們去翻讀這位作者的全集及能找得到的各種注本，以及有關的傳記、年譜和後人研究的資料與著述，以求能夠註出一般注本所未解決的問題。一方面也是梁老師有意讓我們在不斷工作與讀書中，逐漸提高充實了我們的學問。

記得我第一次註譯的文章，是柳宗元的〈始得西山宴遊記〉與〈小石潭記〉兩篇短文，我就細讀了《柳河東文集》，諸家評點的《柳柳州全集》，胡懷琛選註《柳宗元文》、新舊《唐書・柳宗元傳》、宋文安禮編《柳先生年譜》等書。這樣的工作與讀書，使我對柳宗元竄貶漂厄的事蹟，搜奇撮怪的文章，有了更深一層的認識。這樣的工作與讀書，不但養成了我讀書的興趣與習慣，也養成我廣博的知識與正確的史觀；因此我能運用它撰寫雜文、歷史小說與專門論著。

《古今文選》的編輯過程，大抵先由梁老師選定篇目，再由我和露昇兄二人分作註釋、語譯及摘錄資料工作。我們就根據選定的作品，翻查各種辭典、類書、注本、參考書，一字一詞，寫出恰當的解釋；句斟字酌，緊扣本文，作語體的翻譯或大意；然後在某些文字的旁邊，標出讀音、語音、破音、輕聲與變調，有的舊詩詞還要標出入聲字，甚至全首標出注音符號，如白居易的〈琵琶行〉、〈長恨歌〉之類，都是這樣標音的，極爲費事；遇到古地名注出今地名，舊年號對照注出西元的年代。然後將這初稿，連同所蒐集有關作者傳記及其他的資料，一起送請主編梁老師審閱，改正譯註的錯誤，刪削文字的拖沓；然後再由梁老師寫作者傳記及其他附錄的文字；然後付排。撿排文選的技工都是頂尖的好手。排好後，經過報社校對初校，然後我們再校過兩三次，都改清爽後，再送梁老師親自校改一遍。改後的清樣就送請齊老師做最後一次的校閱。齊老師的記憶力很強，目力又精，偶爾還有些小錯誤，齊老師一定會給訂正了出來。文選的讀音問題，也由齊老師作最後的決正。在梁老師指導之下，我的文字日趨簡鍊，提要鉤玄的能力也日漸提高，學養與見識也一天比一天高明了。文字的讀音也因齊老師時時給我們訂正，而大大提高了我們標音的能力。這些對我後來的教學、著述、寫作都有很大的幫助。現在，我能用「注音輸入法」極其快速地打稿，當然跟當日齊老師訓練我注音有關；後來我能寫各類各體的文章，當然跟當日梁老師修改我的文稿有關。回想這一段和老師一起工作非常愉快，我的心裡充滿著永遠的感謝！

二十二、梁容若老師對我的教誨與提攜

梁老師公私分明。我是他的學生，受他教誨和提攜，但他卻從未將他個人的私事交我去做。他關

心我的婚姻。我結婚時，他是我的主婚人。當他見過麗貞幾次，讀到麗貞寫的文章，認為我娶到一個理想的媳婦，對我說「應該以鮮花供奉」。認為我和麗貞的結合，就像趙明誠和李清照，就像陸侃如和馮沅君。他認為黃麗貞的文字生動，就像開水的恬淡有味。他最喜歡的就是這一類的文章。這跟書法家宗孝忱教授，對我們的期許同樣的親切。宗老師審閱我升講師的論文《建安詩研究》極為贊美；他把審查的意見，用行書在宣紙上另寫了一份送給我；並在我和麗貞結婚時題了一對賀聯：

稿成博議相研討，
編次歌行互唱酬。

麗貞對戲曲與修辭的研究有相當成就，散文也寫得十分清麗有味，我不能不說不是梁老師和宗老師當年對她的贊許，給她一股推動的力量。

劉眞校長要聘請梁容若老師到師範大學為專任教授。梁老師希望我和鍾露昇能夠回母校擔任助教。因此在民國四十五年（一九五六），我在文學院梁實秋院長和梁容若老師兩人向劉校長推薦之下，我回到師大文學院擔任助教，仍兼《古今文選》編輯工作。第二年，我和露昇轉為國文系助教，終使我走上學術研究之途。前後十五年，我由助教、講師、副教授而教授。現在回想起來，實在感謝劉校長、梁院長和梁老師三位的提攜。當然，我自己也力求在學術研究與寫作著述，能有成就。後來，露昇兄前往美國西雅圖華盛頓大學深造，獲得碩士學位與博士學位。我則選擇從實際的教學、研究與著作之中尋求夢的實現。因梁老師教誨，我深深體會到「寄身於翰墨，見意於著述，也能充實生命之樂趣」。

所以近五十年來，我沒有一天不在讀書，我沒有一天不在寫作。至今，我寫過種種不同的著作，有文學歷史，語言文化，字典辭典，範文教材，學術論著，散文雜文，小說傳記，兒童讀物，宗教哲理，文學批評、散文和小說的寫作理論等等，數在三四十種，七百多萬字。可以告慰老師的，是我沒有辜負他們對我的期許！

二十三、梁容若老師的文章

當日，梁容若老師的文名盛極一時，許多人寫書請他作序；許多刊物請他撰稿。他在國語日報、中央日報、聯合報、徵信新聞等副刊，純文學、文壇、東海文學、東方雜誌等十幾個報刊發表。他寫了不少小品雜文，後來收進《坦白與說謊》（民國四十二年，臺北開明書店出版）、《容若散文集》（四十六年，開明書店）、《鵝毛集》（五十五年，臺北三民書局）裡。

他的每一篇文章都有他正確的意見。他說他無意追求寫作的技巧，只希望能樸實地把情感與思想寫了出來。梁老師博學強記，寫所見所聞，繁徵博引，觀察聯想，所以他的文章常常是上下古今，東鱗西爪，七拼八湊，鑲鈿成篇，言人之所未言，自有一種特別的意味情態，而令人把賞不已。只不過寫閒逸小品，也未能推開學問之牽繫，是缺點也是他優點。

二十四、在大度山的教學與著作

梁容若老師在民國四十七年（一九五八）離開國語日報，離開師範大學，前往臺中擔任東海大學中文系主任。他為什麼要離開臺北而就臺中東海大學的教職？我從他平日的談話，可以窺知一二。第一是他在臺北的工作過忙，最多時是副社長兼總編輯兼主編兼採訪主任，晝夜假日都得上班；師大專任教授課業要比兼任繁重多了：每天睡眠都不足，生活也未見有甚麼改善。他說：有一次出席報業會議，開了兩個多鐘頭，快散會了，他到廁所解手，伸伸腿，想舒散一下疲累，沒想到一用力，右腳的皮鞋幫和鞋底整個脫離，非常尷尬。直等聽到門外，各報社長都坐汽車走了，才敢回會場拿皮包，跳上三輪車回去。一報副社長，一窮如此，有誰知道。他在報社擔任副社長、總編輯，沒有待遇，盡義務，拼命做，可是大家意見仍然很多。他說：那時無論拿國語會常委，或改拿師大教授，那一份薪水都很微薄，孩子長大，費用日增。他到師大專任第二年，劉校長到教育廳當廳長，師大環境也很複雜，新舊文白之爭一直糾纏不清。他和謝冰瑩教授都被列為新文學派，搞國語，搞白話文。他說有一次，就有人當面對謝老師說：「新文藝有什麼好講？」注音符號也是舊派所反對。他們認為講聲韻訓詁才有學問，卻忘記了要是沒有人推行國語，他們又怎能在臺灣用南腔北調去教學生。他進國文系，系主任給他一門「諸子」，系上同時開有老子莊子孟子荀子韓非子墨子各種子書，都是由「學有專精」教授擔任，教諸子「吃力不討好」。那時梁老師就選了許多子書的文章，交給我們注譯。其實教育界裡的明鬥暗爭，不輸政界。當然，梁老師的名氣愈出也就愈忙，函件要覆，賓朋要會，應酬文章要寫，邀約稿子也要寫，結果是起居無時，飲食無節，精力透支。他說他在三輪車上、公路車上、火車上，開會場裡、教員休息室裡，辦公桌上，並無情思，整日昏昏。中午旁晚深夜回到家裡，床上一倒，早已失去知覺。叫醒吃飯，照例行事，飯菜的色香味也就全然無知了。兒女的趣事，太太的報導，像聽見也像不聽見。工作忙碌到沒有休息，生活卻又那麼窮困，人跟事又那麼繁雜。這時，私立東海大學給他的是足可溫飽的待遇，閒適寧靜的生活的環境，可以運動散步，栽花種樹，可以讀書研究，可以專心著述。由他摹仿杜牧詩「十年一展琳瑯卷，贏得書魂薄倖名。」可以理解梁老師之所以離開意氣風發的臺北，而寧願選擇風多土瘠的大度山的心境！

梁老師到臺中之後，見面的機會就少了。但我一有機會到臺中，就一定往大度山拜訪梁老師。東海草創時期，給我的印象是到處黃土，樹木剛種下去，風沙蠻大的，上課可要走一大段路。後來幾次再到大度山，由東海大學有計畫栽種許多油加利、木麻黃、相思樹、鳳凰木、松柏、榕樹、梅花，漸漸成行成林，環境漸漸改觀，眞教我羨慕。梁老師也在眷舍的花園裡，栽花種樹，弄得十分爛漫美麗，我想他有「終老於斯」的願望。他說在這氣候適宜的臺中，在這環境寧靜的大度山，他想以著述終其一生。他計畫撰寫「文學百家傳」。我也衷心盼望梁老師能如司馬遷一樣，完成這不朽的鉅著。王玉川先生曾去信說他「有希聖希賢的心」，勸他不要把成功看得太重。梁老師卻認爲「他所要走的路是最寂寞的路，」「但使願無違」。我也認爲一個默默地爲自己的理想而著述寫作的人常常是非常非常的寂寞！不但得不到任何鼓勵與讚美，甚至還會招來妒忌與傾軋，甚至狠下毒手，誣衊誹謗；這在文化教育界也是極常見的情況。

民國五十四年（一九六五）三月，梁容若老師在《國語日報》又創辦了《書和人》雙週刊，由梁老師和王天昌學長主編，專門論介古今學人作家及其著作，評介外國漢學者的成就，選載罕見名文加以重訂校正，還有書序書評。臺大鄭騫教授說：《書和人》「論書精當，記人生動，敘事周密翔實，尤其有許多創見。」

民國五十九年（一九七〇），梁老師六十七歲，自東海大學退休。第二年三月，由東海路二十號遷居到東海北路一二四號退休眷舍，和陳達夫教授、朱應銑博士、顧雍如院長三人爲鄰。梁老師把他住所，叫做「素心園」，作有〈素心園雜記〉介紹這三位芳鄰說：

顧雍如院長能不念舊惡，犯而不校，以助人爲樂。朱應銑博士治光學熱學，守時間一分鐘也不差，極愛勞動，以栽花灌園爲樂。陳達夫教授工篆書，能刻印，足跡走遍全國，知道文化教育界掌故極多，編動物大辭典，晚十點就寢，早三點起床，仍不停工作。梁老師在素心園種的花木，有茶花、羊蹄甲、扶桑、聖誕紅、夾竹桃、桂花、黃菊、蕃蓮，作籬笆，塡牆角，高高矮矮，嫣紅奼紫，爛漫極了。他在《藍天白雲集》序中又說：

在素心園裡，適於看朝陽賞素月，領略雲霞舒捲。久雨放晴，白雲飛颺，藍天出現，感到心曠神怡。天以洗而加藍，雲襯藍而更白。「天上浮雲如白衣，斯須變幻爲蒼狗」，忽而霖雨蒼茫，忽而依猶山岫，仍爲造物所主使，反而不如自己悠然自得，從心所欲呢！

由這些恬淡之極的文章，可以深深感受到梁老師晚年的心境。

不過，梁老師這時還未完全擺脫課業，每天還要到靜宜學院上課，看學生作業，編《書和人》。

梁老師在東海十六年，寫了不少著作，有美國哈佛燕京社資助的《文史論叢》（民國五十年（一九六一），東海大學出版）、《文學十家傳》（民國五十五年（一九六六），東海大學）和《作家與作品》（民國六十年（一九七一），東海大學）；還有《中國文學史研究》（五十九年，臺北三民書局出版）、散文《南海隨筆》（六十年，三民書局）、《現代日本漢學研究概觀》（六十一年，臺北藝文印書館出版）。

二十五、移居美國後生活與事蹟

民國六十三年（一九七四）春天，梁容若老師七十一歲，患了暈眩，說話多了就胸痛，他在美國的女兒梁華女士、女婿經濟學家鄭竹園教授，都勸他辭去學校功課，到海外頤養。他就偕同師母前往美國印第安那州蒙西市，和女婿女兒一家住在一起，並將他自己的許多藏書運去美國。

這時他無事一身輕，無爲無求，結交老人兒童，觀賞苗圃廣告，絕不接近煙酒，吃館子蒐羅菜單洋火盒，逛市場撿商店說明的文字，處處隨緣，每天和老妻健步五千步，最感興趣的是全家長距離的旅行。

九月，梁老師到新澤西州，去探望在普林斯敦大學做博士後研究的梁一成世兄。他並利用普林斯敦大學葛思德文庫的中日文書籍，蒐集文史資料。他並託人從密西根大學、俄亥俄大學、馬利蘭大學等圖書館郵寄一些書籍來，仍以讀書爲樂。

蒙西植物園，普林斯敦的伽尼湖濱，馬利蘭櫻桃山的農場路，都留有他們幾百次的徘徊。戀新懷舊，記的寫的，常把眼前的新邦，和回憶中故國連結一起。他說：「聯想像隨風的柳絮，偶然似白雲飄搖，不沾泥土是不可能的。」美麗的大自然，鼓舞了他的寫作興趣，也啓示了他的人生意境。他興到濃時也寫一些稱心遂意的文章。雖說他飄泊異域，生活也過得很愉快。在普林斯敦大學，他作有五言詩二十韻。今錄八韻如下：

重樓多異書，琳瑯三十萬。開篋訂舊文，心安神亦健。
簿錄專門學，大哉劉子政。海外多異人，淵通如馬鄭。
窗對伽尼湖，婆娑看垂柳。水深飲羲和，樹高掛星斗。
徙依四穹橋，繾綣湖濱路。雁陣掠寒空，彷彿濟南暮。

梁老師說他自己善寫散文，一揮即就，作詩較艱苦；但我讀他晚年所作的詩極恬淡有味，有陶、孟的閒適。如詠〈蒙西〉的一些詩句：

恂恂人有禮，悠悠車無聲。參天多喬木，匝地野花明。
家家芳草地，户户看鮮花。雨過豔陽出，清風散鳥譁。
野兔逡巡去，松鼠迎面來。人犬兩相忘，更無物可猜。
夾榆堅且實，致用斯爲貴，流離遍天涯，不爲時憔悴。

這種「不為俗繚繞」的心境，一發於詩文之間，意味自然而無窮。

民國七十年（一九八一）六月，子美師來信說：「因世界性通貨膨漲，在東海大學領的一筆退休存款，早已用完了。臺灣回不去。美國醫藥費奇昂，子女負擔不起，實在山窮水盡。如洪炎秋所說：到了樂死的年齡。然吃安眠藥死亡，子女家屬均會受調查；分屍檢驗，會成新聞。長女其鐸在北京作醫生三十多年，為一醫院負責人，要我到她那裡住，因而回到了老家。」

不久，我就聽到梁老師返回北京，並到他的母校北京師範大學擔任客座教授，並繼續從事著述工作。師母因孩子梁一成家的孫男女離不開，未曾同行。他遂隻身前往，一住兩年。

民國七十二年（一九八三），梁老師在北京師範大學太平莊教授的宿舍，曾作了一首五言古詩寄給師母，題作〈寄贈印州靜如〉，詩云：

相信如相忘，相知在相助，天上有牛女，不解人間妒。今年七月七，待君鵲橋度。阿須猶平常，
千秋如鐵鑄。靜如過孟光，卅年兒女護。人老心未老，京華好散步。同是太平民，偕行如我素。
同唱進行曲，共走忠恕路。五講與四美，朝聞夕可悟。西山紅葉好，重尋定情處。萬里寄愛人，
嘮叨疾本痼。極樂聽蟬聲，凌霄憶乳慕。北海可溜冰，日壇嘯天曙。輝煌華燈多，蒼翠景山樹。
再度訪雙清，臥佛啓穎悟。相思說不得，請憐盲人訴。

這時，梁老師在北平患白內障、青光眼，幾近失明。梁一成兄到北平探望老師，遂決定接他回美國。在八月二十七日到印州，仍住梁華家。

民國七十三年（一九八四）六月二十六日，他們結婚五十周年紀念日，梁老師作一聯贈師母：

八秩過金婚，人世難逢開口笑。

十年栽梨樹，甜在口中爽在心！

民國七十五年（一九八六）十月，梁一成世兄發生車禍過世，老師和師母非常傷痛。梁老師的眼病逐漸控制，但精力日衰。梁師母傅玉安夫人在民國八十五年（一九九六）九月逝世，享壽八十八歲。梁老師最後三年，眼睛完全失明，於民國八十六年（一九九七）五月十八日逝世，享壽九十四歲。

梁容若老師在北京住了兩年兩個月，大陸選印了梁老師的一本散文集《故鄉集》（一九八四年，北京人民文學出版社出版，和謝冰心及李愼言老中青三代選。其中有一些是在臺灣寫的，如〈吳鳳〉、〈南丁格爾〉之類；也有在大陸的新作，如〈登中山陵〉寫他老年的心境。冰心寫了一篇序文）。還有《文學二十家傳》（一九九一年，北京中華書局出版，取材他舊作《文史論叢》、《文學十家傳》、《作家與作品》三書）。此外，民國六十七年，臺灣出版他的散文《藍天白雲集》（臺北東大圖書公司），第一輯中收十二篇文章，都是記他在美國的生活。還有《談書集》（臺北藝文印書館出版）。

（一九九八年十二月刊於《中國人物季刊》第八期；其中部分文字，在一九九九年三月二十七日、四月十日由《國語日報・書和人》第八七二期、第八七三期轉載。）

傅朝卿與劉銓芝合著的《西藏佛寺的建築風格與內部設施之研究》論文提要

方祖燊

蒙藏委員會已故的委員長董樹藩先生生前原擬在新竹尖石鄉興建西藏大佛寺，內分大佛寺、西藏文物館、文成公主紀念館、佛塔等四部分。因為西藏佛寺的建築風格與內部設施，和一般的佛寺不同，要我邀約專門學者合撰《西藏佛寺的建築風格與內部設施》這一篇論文，準備在今年七月七日「世界顯密佛學會議」上提出，並作為將來興建西藏大佛寺時，提供建築師參考之用。

當日，我就為董樹藩先生代邀在成功大學建築研究所任教的傅朝卿先生與其專研佛寺建築的學生劉銓芝先生合作。傅朝卿出身於美國華盛頓大學建築學研究所，專門研究建築設計；劉銓芝畢業於成功大學建築學研究所。原擬「前言」由我執筆，略述西藏佛教的發展；《西藏佛寺建築風格與內部設施》配合西藏大佛寺的建築師設計藍圖而撰寫，則由傅、劉兩位執筆。

不幸，董樹藩先生在今年三月六日猝然病逝，大佛寺的興建胎死腹中；顯密佛學會議也暫告延期；我的「前言」也就擱筆。到四月間，傳、劉二位所負責撰寫的部分寄來，內容也就略作改變，成爲純粹的論文。我即轉寄蒙藏委員會。十月底，接到「世界顯密佛學會議籌備委員會」邀請函，才知道會議定於今年十二月二十六日至三十日，在高雄縣大樹鄉佛光山寺舉行。只是這一篇論文的作者：傳朝卿先生已在九月底，由成功大學派往英國愛丁堡大學研究建築學；劉銓芝先生現在軍中服役；都不能前來參加盛會。現在，我就傳、劉兩位先生合撰的論文作一篇提要，在這裡報告。

西藏人原來信仰的是凡（Bon）神教。到了七世紀初葉，佛教從印度傳入西藏，第卅三代藏王松贊幹布（Syong-Btsan-Sgam-Po），大約在西元五六九至五六〇年間，派遣宰相托米撒穆保塔（Thon-mi Sambhota）率領學生，前往印度修習梵語佛學，吸收文化，返藏後創製西藏文字，翻譯佛經。松贊在六十四歲時（西元六三〇年），娶尼泊爾（Nepal）德鐘（K'rit-Btsun）；七十五歲時（唐太宗貞觀十五年，西元六四一年），又娶唐朝文成公主。這兩位公主都是篤信佛教的。我國的文化與佛教的精髓也因此傳入西藏。松贊在拉薩（Lha-sa）爲尼泊爾公主興建釋迦牟尼佛殿；爲文成公主修建拉茂其耶佛寺（Ra-Mo-O'e）及大小召二寺。藏人紛紛改信佛教，成爲西藏的正教，又稱做「喇嘛教」(Lamasim)。隨著藏人對佛教的信仰日漸普遍，佛寺的建築也就遍布西藏各地。在民國三十九年（西元一九五〇年)前，西藏大約有喇嘛二三十萬人，喇嘛寺廟有三千七百多座。達賴(Dalai)駐錫拉薩，有布達拉宮(Potala)；班禪（Pan-Chen）駐錫日喀則（Shigatse），有札什倫布寺（Tsesenlumpo）：都是非常有名的喇嘛寺廟。在我國其他的地區，也有喇嘛寺廟與佛塔的建築。

印度佛教的寺院，隨著佛教傳播亞洲各國，有北傳與南傳兩支。南傳錫蘭、泰國、緬甸……等國，建築型態仍保留較濃的印度佛寺色彩；北傳西藏、中原、韓國、日本等地區，受當地文化與自然環境的影響，呈現各種風貌。西藏是介於中國和印度的色彩的中間，外觀雄偉龐大，內部氣氛神祕，爲宣揚政治宗教的中心。

西藏佛寺多依山而築，包括札倉（經學院）、杜康（大經堂）、拉康（佛殿）、康村（僧房）、囊謙（公署）、嘛呢噶啦廊（攏上刻經咒的桶狀物）、辯經壇、印經院、藏經樓、喇嘛住宅、喇嘛塔等，形成複雜的建築群體。佛殿和經堂高聳其間，裝飾華麗，金耀輝煌，極爲突出。

一、西藏由於晝夜溫差極大，寺院的四周多圍以厚重的磚石承重牆，其在白天吸收熱量，於晚上放出熱量以保溫暖。內部採用密梁木柱的架構，以構成宗教活動的大空間，叫做「杜廳」。杜廳中常有數十根以上的柱子。像布達拉寺西大殿就有四十四根的大雀替柱。柱身、屋簷、門楣、斗拱常有雕像裝飾。

二、佛寺的屋頂，是西藏佛寺最重要之元素之一，有平頂與金頂兩種。平頂，是在厚牆上架設密梁椽條，再用黏土卵石夯實造成；平頂上圍有女兒牆，女兒牆上有雙鹿聽輪、金寶塔、金幢等裝飾物。大經堂與塔身的牆面漆白色，佛寺漆紅色。白牆配黑窗框、紅木門、棕色飾帶；紅牆配白、棕二色飾帶；再加牆面上的咒輪、厭勝及祈福符等裝飾，看來非常壯觀。金頂，類似漢式佛寺的攢尖頂及歇山頂，不過它是鋪「金瓦」的，不是「綠色琉璃瓦」，屋脊裝飾有金寶塔、金翅鳥、寶瓶、鳳凰、鴟尾、共命鳥等物，在日光照射下，金光輝耀，非常富麗。

三、屋內設施，有豐富的裝飾與壁畫。壁畫的內容有兩種：一種是歷史故事：如「文成公主入藏圖」之類，人物的描繪力求寫實傳眞。一種是佛教故事、佛像或壇城畫；如釋迦牟尼、四大天王、三世佛、觀音菩薩及輪迴圖等，大量使用金色，光彩奪目，表現濃烈的宗教精神。還有大量掛軸畫，稱做唐卡（Thangka）、鑲嵌畫、緞子畫。此外還陳設有木雕、山岩浮雕、泥塑和金屬鑄成的佛像。如布達拉宮內就有松贊幹布和文成公主泥塑的造像；大昭寺的釋迦牟尼大佛，就是用二萬多盎斯的黃金鑄成。佛像前置長案，供香爐、油燈、水瓶等法器；地鋪氈毯或蒲團，供僧衆禮佛。門框、窗框也有八吉祥萬字等裝飾。

四、喇嘛塔，源自印度的覆鉢塔（Stupa），基座是方型的，基座上爲覆鉢狀（半圓丘型）的塔身，塔身上有十三環的相輪，相輪上有寶蓋，寶蓋上就是塔頂，代表我佛智慧與憐憫的境界。塔的造型，就是佛的化身；塔基是佛座，塔身是佛身，塔頂就是佛面。西藏塔有泥、磚、石、金屬造數種。又分靈塔與佛塔兩種。靈塔是用來存放活佛的金身或靈骨，如布達拉宮內就有達賴五世的靈塔。佛塔，如拉薩城門本身就是一座佛塔，壁畫雕刻的佛像近十萬個，人稱「十萬佛塔」。

由此，可知西藏寺院的建築特殊的風貌。由於漢、藏兩族文化的交流，在西藏佛寺的建築物也時時展露大中國的色彩。

這篇論文原是應董樹藩先生要在臺灣興建西藏大佛寺之議，作者在結論中仍寄以「今天如果能掌握到西藏建築的風格，以虔誠的心來從事西藏佛寺的興建，必然可以使其成爲西藏文化傳承的重鎮」。今天我們在這裡參加這個會議，不禁使我想起我們這位已逝的好友，——董樹藩先生偉大的夢想；希望有一天他的這個願望，能夠在這裡實現！

（一九八六年〔民國七十五年〕十二月二十六日，在佛光山舉行的「世界顯密佛學會議」〔WORLD SUTRIC AND TANTRIC BUDDHIST CONFERENCE〕上發表宣讀。）

ARCHITECTURAL STYLE AND INTERIOR DESIGN OF THE TIBETAN MONASTERY

(Abstract -by Prof. Fang Tzuu-Shen)
By Mr. Fu Chao-Ching & Mr. Liou Chyuan-Jy

The primitive Tibetan religion Bon was followed by the Tibetans for many centuries until the beginning of the seventh century when Buddhism was introduced from India to Tibet. Srong-btsan-sgam-po, the thirty-third king of Tibet sent statesman Thon-mi Sambhota with other young students to India between 569 A.D. to 650 A.D. to study Buddhism and Sanskrit. After returning to Tibet, Thon-mi Sambhota started to translate Budddhist sutras into Tibetan alphabetical language which he invented based on the Sanskrit (old Devanagari).

In 630 A.D. when he was sixty four years old, Srong-btsan-sgam-po married Nepalese Princess K'rit-btsun, and in 641 A.D. when he was at the age of seventy five he married Tang Princess Wen-Cheng. Due to the fact that both princesses were faithful followers of Buddhism, Chinese and Buddhist cultures were transmitted into Tibet as a result of the cultural interchanges. In order to provide his wives a Buddhist environment, Srong-btsan-sgam-po then built in Lhasa a Sakyamuni Temple for the Princess K'rit-btsun as well as Ra-mo-oe and Jokhang Temples for Princess Wen-Cheng. Consequently, Buddhism, welcomed by the majority of the Tibetans and called by them Lamaism, became the legitimate religion in Tibet. Due to the increasing of the followers, the number of the Buddhist monasteries rose rapidly in order to meet the need. According to a 1950 statistical result, there were more than 200,000 lamas and 3,700 monasteries in Tibet at that time. The Potala in Lhasa, administrated by Dalai Lama and Tashilumpo at Shigatse headed by Panchen Lama are two leading monasteries in Tibet. In addition to those in Tibet. Tibetan monasteries were also founded in other areas in China. Indian Buddhist monasterial architecture, following the divided sects of the religion, spread everywhere in Asia. monasteries of the South Sect (Small Vehicle or Hinayana), which was transmitted into Sri Lanka, Thailand, Burma and other southeastern countries, retained many original characteristics of their Indian prototype. On the other hand, monasteries of the North Sect (Great Vehicle or Mahayana) erected in Tibet, China, Korea and Japan were Assimilated and influenced by the local cultures and environments and developed a variety of expression. Tibetan monasterial architecture, similar to its geographic location, is a transition between China and India. Splendid in exterior and spiritual in interior, Tibetan monasteries are centers of Tibetan political, religious and cultural affairs.

Most of the facilities of a Tibetan Buddhist monasterial complex,including dra-tshang (institute of Lamaist Sutra l earning), du-khang(praying hall), la-khang(Buddhist hall), Kham-tshen(monks' house), abbot's office, Mani (praying wheel) gallery, debate platform, Sutra printing office, Sutra library, and chorten and are built in accordance with the topography of the hills. Inside a complex, the Buddhist hall and praying hall are the highest and most important buildings. The followings are some summaries of this profound architecture.

1.Due to the great temperature difference between day time and night time, Tibetan monasteries are constructed and enclosed by thick and heavy rubble-built walls which can restain heat in the day time and radiate it at night. The interior constructive frame, in most cases, are composed by wooden columns and intensive wooden beams in order to create a huge religious space 'hypostyle'. A hypostyle always has a large number of columns which are beautifully decorated and structurally bracketed, for example, there are 44 columns in the hypostyle of the west hall at the Potala. The column shaft, architrave, door frame, and structural bracket system (tou-kung) are also well-decorated with various religious and mythical images as symbols.

2.The roof, one of the most significant and important elements of a Tibetan monastery, can be divided according to its form into types: flat and golden. A flat roof is constructed by layering muds and pebbles over the rafters on the intensive beams, Similarly, the same materials are piled on the edge of the roof into the parapet on which are symbolically superimposed sculptures such as golden chorten, golden standards and "two deer and wheel". Walls of a chorten or a praying hall are always painted white against which black window frames, red doors and brown bands are used as decoration. On the other hand, walls of a Buddhist hall are painted red against which white and brown bands are used as decoration. Besides, emblems such as wheels, taboo symbols and glorious symbols are widely applied to decorate and to emphasize the splendor of the monastery. A golden roof, covered by golden plates instead of glazed enamel tiles, is a resemblance to Chinese roofs such as Hsieh-Shan (half pitched and half gabled roof) and Tsuan Tsien (pyramidal pitched roof). For symbolical as well as aesthetic purposes, golden images such as the bird, phonix, dragon, vase and chorten, used at the end or on the top of ridges or on the surface of the gables, are most dominant elements of the Tibetan skyline glittering against shining sun.

3.In addition to various decorations, narrative and religious mural paintings are essentials to a Tibetan monastery. The narrative mural paintings, most with topics of historical stories-for example, "Princess Wen-Cheng coming into Tibet" are created with an emphasis on the reality and vividity of the figures and settings. On the other hand, religious mural paintings, most with the topics of Buddhist mandalas or images of various Buddhist deities such as Sakyamuni, four guardians (Virupaksha of the west, Viruahaka of the south, Dhritarashitra of the east and Vaisravana of the north), Kuanyin (Avalokitesvara), wheel of life and three-generation Buddhas, are drawn with a lot of gold color to achieve a strong religious expression. Besides, Thangkas, Inlaid Paintings and Silk paintings also contribute to the formation of the monasterial interior. Sculptures made of different materials (mud, wood or metal) are also an inseparable part of a monastery. Among them, sculptures of Srong-btsan-sgam-po) and Princess Wen-Cheng in the Potala as well as the Sakyamuni made by 20,000 of ounces pure gold in Jokhang Temple are the most famous. In front of the images of the deities, there are long tables on which bowls of water, oil lamps and other offerings are put. Interior floors are covered with carpets and praying cushions so that the prayers may sit.

4.A Tibetan chorten, deriving from Indian stupa, consists of three major parts: a square base, a pot-shaped cupola on which is superimposed a pyramidal structure composed of thirteen wheels, and an umbrella with a sun and a half-moon on its top respectively representing widsom and mercy of the Buddha. A Tibetan chorten is an analogue of a Buddha image; i.e. each part of a chorten corresponds with a counterpart of a Buddha image. Chortens can be categorized according to either constructive materials such as mud, brick, stone and metal, or functions such as relic-keeping and Buddhist worship. A reliquary chorten is one containing the relies of the incarnation lamas-for example, the chorten of Fifth Dalai Lama at the Potala. A Buddhist worship chorten is the one in which images of various Buddhist deities are kept or painted-for instance, the city gate of Lhasa. In the most cases, the interior of a sophisticated Buddhist chorten is symbolically decorated with a large amount of the sacred images. Among the famous is the Bumkum Chorten of the Palkhor Choide Monastery at Gyantse, which is also called the Chorten of Hundred Thousand Images because of its countless images.

According to the above description, we can then perceive that the uniqueness of the Tibetan monasteries is a result of the cultural interchanges among China, Tibet and India. As a consequence, Chinese cultural influences can be found frequently in Tibetan architecture. This research paper was originally written for the international conference associated with the construction of a new Tibetan monastery in R. O. C. promoted by Mr. Shu-Fan Tung, late president of the committee on Mongolian and Tibetan Affairs, R. O. C. However, the conference was postponed because of Mr. Tung's death. The authors of this paper suggest in the conclusion that only when we grasp that spirit and style of the Tibetan monastery and construct a new one with faith, can we make it a most important center of the Tibetan culture. It is our hope that the dream and the ideal of the late Mr. Tung will come true in the future.

黃麗貞《實用修辭學》序

方祖燊

「修辭學」（Rhetoric）是研究如何修飾語言與文章之美的一門學問。過去只有極少數人理解與應用；現在修辭學已成一重要的學科，不只在師範大學國文系開，高中國文科也把它列入選修課程。尤其教育程度普遍提升的今天，我們工作需要用嘴動筆的地方日多，但說話要收到效果，必然要講究技巧；文章要寫得動人，必然要注重修辭。劉勰說：「水性虛而淪漪結，木體實而花萼振。」我們要如何修飾語辭與文辭？才能夠使我們說的話更得當有力，寫的文章更撼心動魄。修辭學所探討的，就是研究表達情思的技巧與規則，以期達到精確明瞭、優美生動的境界。

西方在希臘時代，亞里斯多德就有《修辭學》的論著；歐洲在中世紀教育中，修辭就佔重要的位置，用於教學，用於法庭，用於辯論，用於寫作，逐漸產生並建立系統性的理論。我國「修辭」一詞最早出現於《易・文言》「修辭立其誠」。有關修辭的理論也早已存在，《詩・大序》提到的「賦、比、興」就是寫詩的技巧。春秋與戰國時，各國外交官的聘問，辯士說客的游說，其舌鋒，其巧喻，一句話就解除了戰爭的危機，一句話就挑起了兩國的對抗。諷喻性的寓言，也在這時盛行，「狐假虎威」、「愚公移山」都是傳誦至今的好故事。墨子論述自己的論說，都是上本古代聖王的事蹟，下察百姓耳聞目見的事實；發為刑政，是否有利於國家與人民？他在《墨經》中又提出七種論辯術。漢王逸說：

「（屈原）〈離騷〉之文，依《詩》取興，引類譬諭；故善鳥香草，以配忠貞；惡禽臭物，以比讒佞。」

這就是後人所說「寄託」「象徵」的技巧，以具象描寫抽象。王充抨擊虛誇不實的誇張文字；但司馬相如作賦「靡麗多誇」，而成漢賦第一名家；李白喜用誇飾的文辭，再加逸興妙思，卻形成李白詩豪放飄逸的風格。「諧音」與「析字」，有魯國孔融文舉〈離合詩〉；楊修解讀〈曹娥碑〉背的題字，爲「絕妙好辭」。梁劉勰《文心雕龍》對修辭方法的論述，有〈神思〉（想像）、〈情采〉、〈聲律〉、〈章句〉、〈麗辭〉（對偶）、〈比興〉、〈夸飾〉（誇張）、〈事類〉（用事引證）、〈隱秀〉（婉曲精警）、〈指瑕〉、〈物色〉（摹狀）許多篇文字。東晉的民歌像「子夜」與「華山畿」，詞多雙關。蘇蕙有「回文詩」，陶淵明詩有「崁字」與「藏詞」等等修辭技巧。

到了唐朝，日本讚岐國沙門遍照金剛來我國留學，把佛教妙諦與梵文經典帶回日本，並在紀伊國高野山，興建金剛峰寺，創立「眞言宗」，同時也把我國詩人文士寫作的方法與修辭的技巧，傳播於東瀛。他在《文鏡秘府論》序中說：

「扣閑寂於文囿，撞詞花乎詩圃，音響難默，披卷函丈，即閱諸家格式，勘彼同異，卷軸雖多，要樞則少，名異義同，繁穢尤甚；余癖難療，即事刀筆，削其重複，存其單號，總有一十五種類。」

從遍照金剛的這篇序文，我們可以知道：這時我國談論寫作與修辭的理論已經很多；他曾加刪削，編爲《文鏡秘府論》六卷。他希望這書對日本文士有幫助，結語說：「不尋千里，蛇珠自得；不煩旁搜，雕龍可期。」他所傳述修辭的技巧，據今說多達十二個辭格，不過名稱與今不同。像梁沈約的「四聲八病」、「二十九種對偶」、「婉轉」、「菁華」即今「借代」、「直比」即今「比擬」、「相分」即今「映襯」。劉知幾《史通》則又增加一些新修辭格，像「節縮」、「省略」、「仿擬」。《藝文類聚》論「連珠」即今「頂眞」。

宋桑世昌有《回文類聚》。「疊字」和「複詞」，古稱「重言」，在《詩經》、《楚辭》及諸子百家裡都早已廣泛應用，周《爾雅》已有收集；明方以智作《通雅釋詁》有「重言類」，收了更多例子。「鑲疊詞」像嬌滴滴、靜悄悄、笑哈哈、花刺刺在宋、元以後的小說戲曲裡大量採用。

宋以後人作詩話詞話、筆記文概，在評論作品時，連帶論及修辭技巧的也不少。稍具系統的修辭專著，有南宋陳騤《文則》，是一本小書。清俞樾《古書疑義舉例》稍厚。元王構《修辭鑑衡》雖名「修辭」，實亦詩話文概之流。我認爲直到民國二十年（一九三一），陳望道先生在上海復旦大學講授修辭，著《修辭學發凡》（1932）；這時「修辭學」才能稱得上是一門有系統有體例的學問。

我在臺灣國立師範大學國文系講授修辭學這門課，從民國五十一年開始，繼高明、趙友培兩位教授之後，繼續教了二十幾年。我開始採用陳望道《修辭學發凡》編講義，後來也採用其他《修辭學》作教本。有人對我說：「您寫過許多書，修辭學教了這麼多年，也有相當的心得，爲什麼不自己寫一部「修辭學」作教本呢？」我認爲陳望道的《修辭學發凡》收三十八個修辭格，範例雖然不多，但他對每一個修辭格，大體都已經有它精確的定義與清楚的理念，常用的重要的修辭格又都已經攏括在內。後人再作，實在很難超越他的範圍與理念，最多只能多收些範例，加些說明。寫得不好，反可能因舛錯而誤人子弟。所以我從未想寫一本修辭學。師大後來教修辭學的還有黃慶萱教授，著有《修辭學》，三民書局出版。

內子黃麗貞教授是一位很好的妻子，也是一位很好的老師。她是廣東台山人，國立臺灣師範大學國文系畢業，因成績優異而留校工作，三十六歲升爲教授。她以研究我國古典戲曲爲主，著作有《李漁研究》、《李漁》、《金元北曲語彙之研究》、《南劇六十種曲研究》、《金元北曲詞語匯釋》（係就《金元北曲語彙之研究》大量增補），與人合編有《曲海韻珠》、《詞曲選注》。她另有數十篇有關古典戲曲與戲曲家的論文。她從戲曲的語彙、作品與作家，以及戲曲理論，都作了極深入研究，而有相當成就與篤實貢獻。在詞方面，著有《詞壇偉傑李清照》；文學理論著有《小說的創作鑑賞與批評》。她閒暇時也寫散文和小說：小說有《幸福的女人》，論女性一些愛情問題；散文有《手裡人生》與《歲月的眼睛》，跟我合集有《說夢》，寄其閒逸，寫其生活，清麗有情味。此外，從她參與《中國文化史》與《大辭典》的編纂，更顯露她的卓識、才學與文采。

黃麗貞教授在師範大學國文系所，教過曲選、詞選、詩選、國學概論、文學概論、中國文學史、中國戲曲專題研究等課程。大概十五年前，她開始教修辭學，深受學生歡迎。這近幾年來，她把「修辭學理論」陸續在《中國語文月刊》與《中國現代文學理論季刊》上發表，得到大中小學老師的佳評；師大學生也希望它能儘快出版。

現在，黃麗貞教授的《實用修辭學》，即將由臺北「國家出版社」出版；要我寫幾句話。其實，她每寫一辭格，我就讀過一辭格，所以對她全書結結實實的成果，早已了然於目，了然於心。黃麗貞的《實用修辭學》共收二十八個辭格，大部分依據陳望道《修辭學發凡》的名稱，但新添了「互文格」，創立了「量詞」、「數字」和「鑲疊」三個新辭格；並將「反復格」并入「複疊格」一起討論。對陳氏三十八格中的「移就、跳脫、錯綜」三辭格，她認爲仍有需要詳思的餘地；「諱飾、婉曲、折繞和倒反」，她認爲這四個辭格都具有「側面表達」同樣的特質，應該綜合起來討論，還要再思考深究。

她對每一個辭格都是先立論，後舉例。對於「範例」，她一定將其含義、用法以及作者的文字之所以佳妙處，都闡說得清清楚楚，這樣才不致使學生誤會錯解。這些辭格立論的著力點與理論的詮釋，與陳望道亦多不同，或就陳說發揮詳析，或加補充推衍，更有許多修訂與糾正。像她在「譬喻格」中，說明「譬喻的結構」應該把「喻解」列出，並且糾正了陳望道的「明喻略式和隱喻略式」混淆不清的理念。在「回文和回環」中詳析二者的分界，又糾正前人說法的混同。又如「飛白格」在類別上作深入分析，使立格的意義和分類的功能，得到確當的辨識。「轉品格」則論析轉品的文辭功能，與文法詞性轉變有所分別。「摹狀格」，她有許多新見解。她在附錄〈移覺和通感的區分〉中說：「一般學者將「移覺」稱爲「通感」未免籠統，她則詳細闡說二者的不同。她對「拈連格」的探討，也和一般見解不同。她在新建立的「數字格」中，整理出各種數字修辭的技巧，並創立了數字的「序列」格式。在「藏詞和譬解語」中，她把「歇後語」的結構分做兩類。在「對偶格」後附錄「認識鼎足對」。至「析字、仿擬」和「複疊」三格，都比前人作的探析精詳而得當。

最後她附錄她寫的四篇文章：〈常用易混修辭格辨識〉、〈中國詩歌裡的修辭手法〉、〈修辭教學點、線、面〉、〈中學國文教學的修辭應用〉。這四篇文章都是她在師大教修辭學時的感受與心得；由這四篇也可以體現修辭手法的實用情形。

總而言之，黃麗貞的《實用修辭學》對我們教學、我們自修、我們寫作都是非常有用的一部新修辭學。

一九九九年九月作於台北花園新城桃林樓

第四輯

其他相關文字。

方祖燊著作年表

方祖燊先生從二十二歲開始著述寫作，至今五十年。其作得心應手，隨文體不同而變態萬千，恣情縱思，雅俗繁簡，文字皆精鍊生動。前後著作約七百萬字。現將其著作分列如下：

一九五一—一九六二《古今文選》精裝本四集，與梁容若、齊鐵恨、鍾露昇編註語譯，臺北國語日報社出版。十六開本，2064頁，約三百二十萬字。

一九六一《國音常用字典》與那宗訓等五人合纂，臺北復興書局出版。

一九六二—一九六九《古今文選續編》精裝本二集，方祖燊、鍾露昇主編，臺北國語日報社出版。十六開本，1024頁，約一百六十萬字。

一九六七《漢詩研究》（學術論文集），臺北正中書局出版。

一九七〇《散文結構》（散文寫作理論），與邱燮友合著，臺北蘭臺書局出版。後改由臺北福記文化圖書公司出版。大學用書。

一九七一《成語典》（辭典類），與繆天華等七人合纂，臺北復興書局出版。

一九七一《陶潛詩箋註校證論評》，臺北蘭臺書局出版。後改臺北臺灣書店出版。347頁。

一九七二《六十年來之國語運動簡史》（歷史專著），收於《六十年來之國學》中，臺北正中書局出版。七萬字。
一九七三《魏晉時代詩人與詩歌》（文學史），臺北蘭臺書局出版。
一九七八《陶淵明》（評傳），臺北河洛出版社出版。一九八二年，改由臺北國家出版社出版。266頁。
一九七九《中國文學家故事》（文學傳記），與邱燮友、李鍌合著，臺北中央文物供應社出版。190頁。
一九七九《春雨中的鳥聲》（散文雜文集），臺北益智書局出版。198頁。
一九七九《中國少年》（少年勵志讀物），臺北幼獅文化事業公司出版。
一九八〇《三湘漁父—宋教仁傳》（文學傳記）臺北近代中國出版社出版。512頁。
一九八一《中國文化的內涵》，與黃麗貞、李鍌合著，收在《中華民國文化發展史》中，臺北近代中國出版社出版。366頁。
一九八二《國立臺灣師範大學四十暨四十一級級友畢業三十年紀念專刊》，方祖燊主編，師大紀念專刊委員會出版。
一九八三《散文的創作鑑賞與批評》（散文寫作理論）臺北中央文物供應社出版。
一九八六《大辭典》（辭典類），與邱燮友、黃麗貞等數十人合纂，臺北三民書局出版。一千六百萬字，約四十萬字出於方氏。
一九八六《說夢》（散文雜文集）與黃麗貞合著，臺北文豪出版社出版。226頁。
一九八六《幸福的女人》（短篇小說集），與黃麗貞合著，臺北文豪出版社出版。203頁。

一九八九《談詩錄》(學術論文集),臺北東大圖書公司出版。213頁。

一九九〇《生活藝術》(雜文集),臺北臺灣書店出版。295頁。

一九九一《現代中國語文》(小學語文課本十二冊範文),與阿濃、蔡玉明、關夕芝合撰,香港現代教育研究社有限公司出版。約1250頁。

一九九五《小說結構》(闡述小說界說、中國新舊小說的歷史、西洋小說的流派、小說各種類型、寫實與想像、長短篇小說特質、布局的變化、小說的視點、人物的描寫、對話功能與原則、環境與氣氛的製造、小說範例的評析、中外小說年表等等方面。臺北東大圖書公司出版。十八開本,連序文目錄720頁,六十多萬字。

一九九六《教育家的智慧》(劉眞先生語粹),劉眞著,方祖燊輯,臺北遠流出版社出版。

一九九六《方祖燊全集・論文第一集》(人物、雜論、教育),臺北文史哲出版社出版。237頁。

一九九六《方祖燊全集・論文第二集》(語法、文藝文學、國語運動歷史),臺北文史哲出版社出版。243頁。

一九九六《方祖燊全集・樂府詩解題》(漢朝、魏晉至宋齊)臺北文史哲出版社出版。241頁。

一九九六《方祖燊全集・中國文化史》,與李鎏、黃麗貞合著,臺北文史哲出版社出版。366頁。

一九九七《中國寓言故事》(寓言新編,加中英註釋例句,外國人士學習中國語文教材),與黃迺毓合著,國立編譯館主編,臺北正中書局出版。

一九九八《玄空師父開示錄—萬般由心》方祖燊改作。一月，財團法人行天宮文教基金會編著出版。六月，改由遠流出版公司出版。

一九九九《當代名人書札》劉眞先生珍存、方祖燊編述。臺北正中書局出版。精印十六開本。

一九九九《方祖燊全集・中短篇小說選集》，386頁，收傳奇小說、歷史小說、報告小說(殲癌日記)、私小說，共二十七篇。臺北文史哲出版社出版。

一九九九《方祖燊全集・散文雜文、兒童文學、詩歌戲劇選集》臺北文史哲出版社出版。

一九九九《方祖燊全集・漢詩、建安詩、魏晉詩》，臺北文史哲出版社出版。

一九九九《方祖燊全集・宋教仁傳》增訂本，臺北文史哲出版社出版。

一九九九《方祖燊全集・文學批評與評論集上編》，臺北文史哲出版社出版。

一九九九《方祖燊全集・文學批評與評論集下編》，臺北文史哲出版社出版。

一九九九《方祖燊全集・散文理論叢集》，包括《中國散文簡史與散文類型》、《散文結構》與《散文的創作鑑賞與批評》三本論集。臺北文史哲出版社出版。

一九九九《方祖燊全集・飛鴻雪泥集》專收方祖燊已出版但未收入全集中的著作，包括書名、序文目錄、論介文字、出版年代與書局，及方祖燊〈梁容若老師傳〉、方祖燊〈黃麗貞《實用修辭學》序〉等數十篇文章。

一九九九《方祖燊全集・方祖燊自傳》，臺北文史哲出版社出版。

另有《詩》（論析中國詩歌，並附註文，中英對譯，陳鵬翔等教授英譯），世界華文協進會主編。（尚未出版）。

方祖燊先生

《中華民國現代名人錄》

方祖燊，民國十八年九月十五日生，福建省福州市人。其父早年參加革命建國工作；故方氏自少即離家，知獨立謀生之道，並知努力於學。民國卅八年，隻身來台，於四十一年畢業於台灣省立師範學院，即受其業師之賞識，延聘入國語日報社為「古今文選」編輯。由是於中國古籍，無不涉獵，學問、文章，日見精進。民國四十五年秋，回母校師範大學服務，執教於國文系；仍兼「古今文選」之主編，至五十七年，始以教學課忙，辭去兼職，計任編務達十七年之久。五十五年至五十七年，應教育電視台之聘，擔任大學國文科之製作及主講人，播講詩詞。現任國立台灣師範大學教授，專力於教學、研究及寫作。

方氏著作甚豐，約數百萬言：創作有「春雨中的鳥聲」（散文集、益智出版）、「中國文學家故事」（中央文物供應社出版，與李鍌、邱燮友合著）、「宋教仁傳」（中央黨史會約撰，近代中國出版社出版）；辭典有「成語典」（復興出版，與繆天華等合編）、「國音常用字典」（復興出版與鍾露昇合編）；編註有「古今文選」精裝本四集、續編精裝本二集（國語日報社出版，與梁容若、齊鐵恨、鍾露昇合編）；學術著作有「陶潛詩箋註校證論評」（蘭臺出版）、「陶淵明」（國家出版社出版）、「漢詩研究」（正中出版）、「魏晉時代詩人與詩歌」（蘭臺出版）、「六十年來之國語運動簡史」（正中出版，收於「六十年來之國學」㈠）、「魏晉樂府詩解題」（師大出版）、「宋齊樂府詩解題」（師大出版）「中國文化的內涵」（中央黨史會特約主編，收於「中國文化史」中，與李鍌、黃麗貞合著）；文學理論有「散文結構」（蘭臺出版，與邱燮友合著），對於寫作小說理論及文史問題的研究，頗有卓見，另發表有論文數十篇。

3 枚金牌)。
上海石化总
奖"和"精
辑入《中国

) 福建
福建师范学
三定干部学
勇进评剧
编辑室组
任。副研究
古典文艺
。先后有
,登于《辽
陆续刊出
"老身"谈
北京书目
曾刊出其
尚友堂年
节钞"残卷
及《周瑜·
华书局出
社《历代笔
出版《梦厂

) 吉林
林省直属
省凿岩工
第一建筑
宣传部副
会主席、直
办公室主
省书法家
88 年入选
展,1989

研究会成立之际,特邀选送 100 方歙砚在人民大会堂展出。1992 年被授予"砚雕大师"称号。1993 年雕刻大型石雕壁画《黄山胜景》与《饮中八仙歌》,入选参加南戴河中国万博文化城民间艺术大展。1995 年雕刻巨型石雕壁画《清明上河图》,著名画家程十发为该画题"美奂绝伦",中央电视台和各报纸作了报道。

【方祖燊】(1929.9～) 福建福州人。1952 年毕业于台湾省立师范学院。历任台湾《国语日报》主编,台湾师范大学国文系教授。现任台湾师范大学国文研究所兼任教授,"中国语文学会"常务理事、秘书长,《中国现代文学理论》季刊主编,"中国作家协会"常务理事,《国语日报》董事。著有《古今文选》(六大集)、《国音常用字典》、《成语典》、《汉诗研究》、《魏晋时代诗人与诗歌》、《陶潜笺注校证论评》、《生活艺术》、《陶渊明》、《散文的创作鉴赏与批评》、《中国文学家故事》、《春雨中的鸟声》、《中国少年》、《宋教仁诗》、《中国文化的内涵》、《散文结构》、《说梦》、《幸福的女人》、《谈诗录》、《小说结构》、《现代中国语文》(12 册)、《方祖燊论文集》(四集)、《方祖燊小说选集》等。传略辑入《中国现代名人录》、《当代文学史料影像全文系统》、《中国作家作品目录》、《作家与作品》、《台北县艺文人士鉴》等。

【方素珍】(1922～1993) 女。江苏滨海人。12 岁学戏,演花旦。经常在沪宁线各地演出。1949 年后参加江

感步王维诗韵》被中国当代作家代表作陈列馆收藏。传略辑入《当代文学写作人才传略》。

【方哲雄】(1946.2～) 朝鲜族。吉林龙井人。1986 年毕业于上海音乐学院作曲系。历任图们市青少年宫音乐指导及业务主任,延边第一师范学校音舞教研室主任,延边大学艺术学院副教授。延边音乐家协会儿童分会副会长,延边音乐教育学会常务理事,延吉舞台艺术普及协会副会长,延边州政协委员。至今已创作、发表歌曲 100 余首,器乐曲 10 余首,音乐美术论文 9 篇。1994 年获吉林省教育厅"最佳音乐课奖"。1992、1995 年两次参加中国延边民俗观光节开幕式演出,获指挥奖和优秀艺术指导奖。

【方海林】(1938.10～) 笔名小蜂。陕西城固人。1956 年毕业于陕西省城固师范学校(中专)。历任镇巴县文化馆美工,城固县秦剧团美术设计师,陕西镇巴县中学美术教师。《陕西农民报》特约通讯员,《海南特区科技报》特约记者,《家长周报》特约编辑,桂林青年作家摄影家协会会员、特约顾问。其曾在《中国检察报》发表连环画《巧制暴匪》,《农村青年》发表连环画《夸农妻》,《中国市容报》发表连环画《撕开面纱》,并在《中国市容报》多次发表刊头设计及短评文章。1994～1996 年出版作品 13 次(件)。美术作品曾获省级美展二等奖,艺术教育论文获中日联评一等奖。多次被评为优秀

ang Shinan (**方世**
j) b. 1954,
angsu Prov.; B.
. of Law, Suzhou
niv., 1982; Now
ssociate Prof. of
ilosophy in
zhou Univ.;
y of Conscious-
, 1989; *An Intro-*
Leader — ship,
ary Association,
2; "On Objective
Exploration of
Subjective Con-

Iarxism-Leninsm

angsu Prov.,

ng Songxi (**方松**
) b. 1936,
ejiang Prov.;
aduated from
enzhou Normal
llege, 1958;
w Associate

Add.: Chinese Dept.
Zhoushan Teachers College
Zhoushan, 316000, Zhejiang Prov.
Tel.: 221379

Fang Tuzzshen (方祖燊) b. 1929, Fujian Prov.; Graduated from Taiwan Normal College, 1952. Now Prof. in Dept. of Chinese Literature at TNU and Secretary-General for the Chinese Language Society in Taiwan. Main publications: *The Art of Life*, 1990; *The Structure of Prose*, 1970, 1985; *Creating, Appreciating and Criticizing Prose*, 1983; *The Structure of Fiction*, 1994; "Literary Critiques", 1992; "History, Characreristics and Categories of Modern Chinese Miscellaneous Prose", 1993; "A Study of Formation and Structure of Chinese Polysyllabic Phrases", 1985; "A Concise History of Mandarin Promotion Movement for Sixty-years", 1972; *The Contents of Chinese Culture*, 1981; *The Biography of Sung Jiauren*, 1980.

Add.: Dept. of Chinese Literature
National Taiwan Normal Univ.
Taipei, 106

FANG, TSU-SHEN

Birth Date/Year: Sep. 15, 1929
Birthplace: Fuchou City, Fukien
Educational Background: Taiwan Provincial Teachers' College
Publications: *The Song of Brids in the Spring Rain, Stories of Chinese Literators, The Structure of Prose, Taur Chyan's Poems A Textual Research Annotation and Criticism*, etc.
Present Occupation: Full Prof., National Taiwan Normal Univ.
Important Events (Achievements, Honors, Positions) in Career:

Editor, Kuo Yu Jih Pao; Teacher in the Broadcast Teaching Program of Chinese Literature for College Students, China Television Service.

方祖燊，台湾省立師範学院卒。
経歴：編輯，教育テレビで大学国文課のプログラム製作と主講を担当，大学教授。
著作：氏の著作には「古今文選」，「春雨中の鳥声」，「宋教仁伝」，「六十年來の国語運動簡史」，「陶淵明」，「陶潛詩箋註校証論詳」，「漢詩研究」，「中国文学與文化」など数知れず外にも論文を数十篇も書いている。

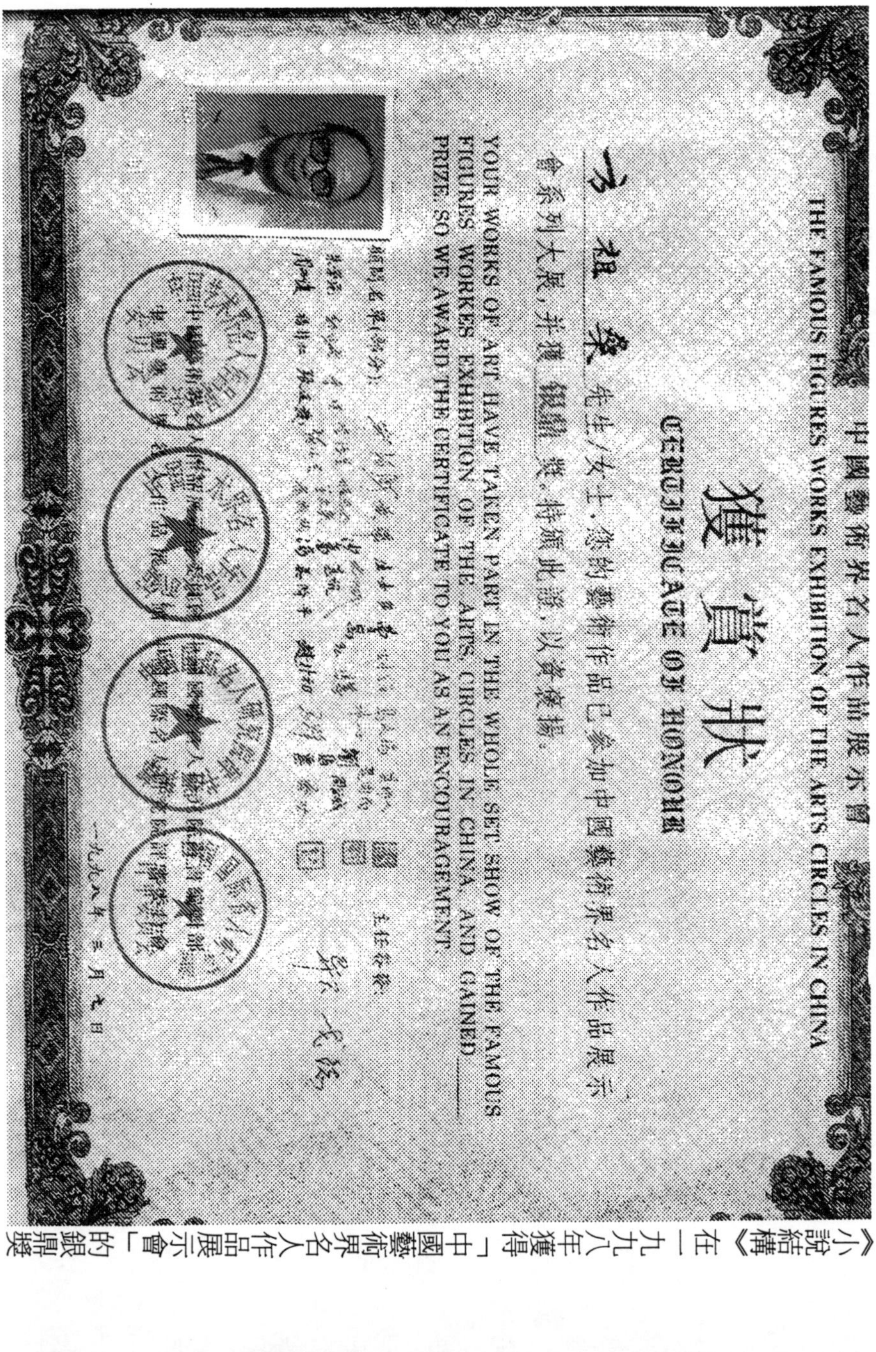
中國藝術界名人作品展示會
THE FAMOUS FIGURES WORKS EXHIBITION OF THE ARTS CIRCLES IN CHINA
獲賞狀
CERTIFICATE OF HONOUR
方祖燊 先生/女士：您的藝術作品已參加中國藝術界名人作品展示會系列大展，并獲 銀鼎 獎，特頒此證，以資獎揚。
YOUR WORKS OF ART HAVE TAKEN PART IN THE WHOLE SET SHOW OF THE FAMOUS FIGURES WORKES EXHIBITION OF THE ARTS CIRCLES IN CHINA. AND GAINED PRIZE. SO WE AWARD THE CERTIFICATE TO YOU AS AN ENCOURAGEMENT.
一九九八年三月七日

《小說結構》在一九九八年獲得「中國藝術界名人作品展示會」的銀鼎獎

附錄：黃麗貞教授的著作年表

一九六八年（民國五十七年）　金元北曲語彙之研究，商務印書館出版

一九七二年（民國六十一年）　南劇六十種曲情節俗典諺語方言研究，商務印書館出版。民國八十四年重刊，易名爲《南劇六十種曲研究》

一九七四年（民國六十三年）　李漁研究，純文學出版社出版；民國八十四年改由國家出版社印行

一九八二年（民國七十一年）　李漁，河洛圖書公司出版；同年改由國家出版社出版

一九八三年（民國七十二年）　小說的創作鑑賞與批評，中央文物供應社出版

一九八三年（民國七十二年）　反共前驅（鄒魯的故事），近代中國出版社出版

一九九二年（民國八十一年）　怎樣學楷書，中國語文月刊出版

一九九六年（民國八十五年）　詞壇偉傑李清照，國家出版社出版

一九九七年（民國八十六年）　金元北曲詞語滙釋，國家出版社出版

一九九九年（民國八十八年）　實用修辭學，國家出版社出版

一九九九年（民國八十八年）　中國的曲，國立編譯館主編